행복의 열쇠
꿈풀이

지혜의 샘 시리즈 ❷❹
행복의 열쇠
꿈풀이

초판 1쇄 발행 | 2010년 06월 10일
초판 6쇄 발행 | 2024년 01월 31일

엮은이 | 전치수

발행인 | 김선희 · 대 표 | 김종대
펴낸곳 | 도서출판 매월당
책임편집 | 박옥훈 · 디자인 | 윤정선 · 마케터 | 양진철 · 김용준

등록번호 | 388-2006-000018호
등록일 | 2005년 4월 7일
주소 | 경기도 부천시 소사구 중동로 71번길 39, 109동 1601호
    (송내동, 뉴서울아파트)
전화 | 032-666-1130 · 팩스 | 032-215-1130

ISBN 978-89-91702-64-6 (13150)

· 책값은 뒤표지에 있습니다.
· 잘못된 책은 바꿔드립니다.

지혜의 샘 시리즈 24

행복의 열쇠

꿈풀이

전치수 엮음

매월당
MAEWOLDANG

머리말

... 꿈이란 무엇인가

사람이 잠들어서 꿈을 꾸게 되면 몇 가지 변화가 있다. 먼저 안구의 변화다. '새눈 뜨고 잔다.'는 사람들을 관찰해 보면 잠이 들었음에도 안구가 이리저리 움직이는 것을 볼 수 있다. 눈의 모든 근육 조직이 풀려 안구가 자유자재로 움직이고 있는 것이다. 또 호흡이 변화하고 뇌파도 변화가 있음을 알 수 있다. 또한 남성의 경우 음경의 변화가 있기도 하다.

지금까지 많은 사람들이 '꿈'을 정의하기 위해 많은 노력을 기울여왔지만, 아직까지 정확한 해답은 찾지 못하고 있다. 그러나 지금도 다양한 분야에서 꿈에 대한 실체를 규명하기 위해 노력하고 있다. 심리학·역학·과학·철학 등의 학문 분야가 바로 그것이다. 특히 심리학과 역학에서는 꿈에 대한 다양한 해석을 시도하고 있으며, 다른 분야보다 꿈의 실체에 한 발 더 접근해 가고 있다.

그러나 이 두 분야에서 꿈의 실체에 접근해 가는 방식에는 상당한 차이가 있다. 심리학에서는 꿈을 통해 인간의 무의식 세계를 규명하는데 초점을 두고 있는 데 반해, 역학에서는 꿈을 인간의 예지 능력과 같은 초능력 세계에 초점을 두고 있다.

우리가 잠을 자기 시작하면 두뇌의 활동이 정지되어서 조용하고 평화로운 상태가 될 것이라고 생각되지만 사실은 그렇지 않다. 잠을 자는 동안에도 우리의 머릿속은 우리가 상상할 수 없을 만큼 상당히 복잡하게 움직이고 있으며, 역학에서는 꿈을 이러한 뇌의 작용, 즉 인간 초능력의 작용으로 어떤 정보를 전달해 주는 일종의 방법이라고 생각하는 것이다. 따라서 꿈을 어떻게 해석하느냐가 중요한 문제로 대두된다.

... 꿈 해석의 요령

꿈을 단순히 그 내용만으로 해석한다는 것은 성급하다. 같은 꿈이라도 누가 꾸었는가에 따라, 또 그 사람이 처해 있는 상황에 따라 달라질 수 있기 때문이다.

따라서 꿈을 해석하기 위해서는 꿈을 꾼 사람의 환경

이나 심리 상태, 미래에 대한 생각 등 꿈을 이루게 하는 여러 재료들의 내용을 어느 정도 이해하고 있어야 한다. 또한 같은 꿈이라도 정반대의 의미로 해석될 수 있는데, 그때도 꿈을 꾼 사람의 최근 상황이라든가 그가 관계하고 있는 주위 사람들에 대한 파악이 필요하다.

또 꿈을 해석하기 위하여 알아두어야 할 것은 꿈 내용의 상징 의미를 파악할 수 있어야 한다는 것이다. 예를 들면 꿈에서 자신이 넓은 들판을 뛰어가는 토끼를 따라가는데 큰 바위가 가로막아 더 이상 가지 못했다면, 상징물은 넓은 들판일 수도 있고 토끼일 수도 있으며 큰 바위일 수도 있다. 이때 상징물에 따라 꿈 해석이 달라질 수 있다. 따라서 상징물과 그 의미를 잘 파악하는 것이 제대로 된 꿈 해석을 시도할 수 있는 것이다. 대부분 꿈의 상징물은 다른 어떤 것보다 그 이미지가 선명하거나 자신의 집착도가 강하고, 경우에 따라서는 냄새를 맡았다는 느낌이 들기도 한다.

또 꿈속에서 느껴지는 감정이나 정서는 꿈을 해석하는 데 아주 중요한 뼈대를 이룬다. 따라서 상징물과 함께 당시 느꼈던 감정까지를 모두 이해해야 정확한 꿈 해석이 가능하다.

... 어떤 꿈이 좋은 꿈인가

 보통 자신이 꾼 꿈이 무엇을 말하는 것인가를 알고 싶어하는 경우는 두 가지이다. 하나는 불길한 꿈이었다면 현실에서 부딪히게 될지도 모를 흉사를 피하기 위해서이며, 또 하나는 행운을 예시하는 꿈이라면 행운의 기회를 놓치지 않기 위해서이다. 그런데 주목해야 할 것은 위의 두 경우를 예시하는 꿈은 반드시 현실에서 실현된다. 특히 행운이나 좋은 일을 예시하는 꿈은 자신이 의지하지 않았을 때라도 반드시 실현되고 있다.
 특히 복권 당첨이나 산삼을 발견하는 등의 큰 횡재를 알리는 꿈은 같은 꿈이나 유사한 길몽을 반복해서 꾸거나 집안 식구가 모두 이러한 일을 예시하는 꿈을 꾸는 경우가 많다. 이러한 경우는 반드시 현실에서 실현되고 있다.
 그러나 중요한 것은 우리가 흔히 길몽이라고 알려진 돼지나 용꿈 등등의 꿈이 중요한 것이 아니라 꿈속의 정황이 어떻게 펼쳐지느냐에 따라 그 해석이나 실현이 달라진다는 점이다. 예를 들어 돼지가 자기 집 울타리를 빠져나가는 꿈이라면 재물을 상징하는 돼지가 자기 집을 나가는 것이니 좋지 않은 일을 예시하는 것이다.

전통적으로 우리나라에서 좋은 꿈이라고 일컬어지는 꿈들은 다음과 같다.

- 불을 보거나 집에 불이 나면 새집이 생긴다.
- 곡식이 누렇게 익었거나 과실 등이 주렁주렁 열려 있는 것을 보면 먹을 복이 생긴다.
- 대통령이나 유명인 등의 귀인을 만나면 재수가 있다.
- 금·은·보석을 얻으면 재수가 있다.
- 배에 돛을 달고 순조롭게 항해하면 만사가 순조롭다.
- 자기 집 항아리의 물이 넘치면 재물이 들어온다.
- 누군가가 자신을 칼로 찌르는 꿈은 재수가 있다.
- 시체를 묻어주거나 보살펴주면 재물이 생긴다.
- 말을 타고 들판을 달리면 대길하다.
- 집에 관을 가지고 들어오면 관직에 나아간다.
- 구렁이를 보면 큰 재물이 생긴다.
- 여자가 거북을 보면 높은 자리에 오른다.
- 거북을 보면 만사가 순조롭고 행복하다.
- 공작이나 꿩을 보면 크게 좋다.
- 대통령이나 유명인 등 귀인에게 절하면 대길하다.

차례

머리말 ··· *4*

제1장 **신적인 존재 · 영혼 · 인물에 관한 꿈** ··· *11*

제2장 **자연 · 자연현상에 관한 꿈** ··· *55*

제3장 **신체에 관한 꿈** ··· *101*

제4장 **인간의 행동에 관한 꿈** ··· *141*

제5장 **동 · 식물에 관한 꿈** ··· *197*

제1장

신적인 존재 · 영혼 · 인물에 관한 꿈

신적인 존재

❖ **신적인 존재가 어떤 계시를 내리는 꿈**

신적인 존재의 등장은 자신의 또 다른 자아인 잠재의식의 표출로, 신적인 존재의 은혜가 주어질 것을 예시한 표현이다.

❖ **기도를 드리는데 신적인 존재가 무언가를 주어 받는 꿈**

최대의 은혜를 받게 될 것을 예시하고 있다.

❖ **부처님을 만나는 꿈**

태몽으로 귀한 아들을 얻게 되거나 혹은 그 자손이 번성하여 집안을 빛내게 된다.

❖ **부처님과 이야기를 주고받는 꿈**

주위 사람들의 도움으로 크게 성공하게 된다. 또는 어려운 일에 닥칠 때마다 생각지도 않았던 협조자나 협조 기관 등이 나타나 자신을 도와주게 된다.

❖ **하느님께 어떤 도움을 청하는 꿈**

현실에서 어떤 절박한 상태에 있는 자신이 누군가의 도움을 바라는 마음을 나타낸다. 만약 꿈속의 하느님이 자신의 요청을 들어주었다면 현실에서도 절박한 상태를 벗어날 수 있게 된다.

❖ 예수 앞에서 영세를 받는 꿈
 입학시험·고시·취직시험 등의 소원을 이루게 될 길몽이다.
❖ 예수의 동상이나 초상화가 선명하게 보이는 꿈
 무슨 일을 해도 탄탄대로를 걷듯 순탄하며 만사 대길하여 행복해지게 된다.
❖ 성모 마리아가 자신을 향해 가까이 다가오는 꿈
 훌륭한 지도자나 권력자 밑에서 일하게 될 것을 예시한다. 혹은 자신의 어떤 소원이 이루어질 것이다.
❖ 관음보살상을 얻는 꿈
 훌륭한 자녀를 얻을 태몽으로, 훌륭한 작품이나 학문·명예 등을 얻거나 훌륭한 제자들을 길러내 존경받는 인물이 된다.
❖ 풀밭을 걷다가 빛나는 조그마한 금불상을 줍는 꿈
 학원이나 직장에서 정신적 업적을 남겨 세상에 명성을 떨치게 됨을 예시한다.
❖ 옥황상제 앞에서 절하는 꿈
 관직에 나아가거나 직장인이라면 승진하게 되며, 사업가라면 재물을 쌓게 되는 등 자신이 소원하는 일이 이루어진다.

❖ **공중에서 선녀가 춤을 추는 꿈**
　미혼인 경우에는 자신의 천생연분을 만나게 되며, 기혼이나 연인이 있는 경우에는 애정이 더욱 무르익어 그 결실을 맺게 된다.

❖ **신령이 자신을 부르는 꿈**
　지금까지의 고생이 끝나고 앞으로 운이 크게 트일 것을 예시해 주는 꿈이다.

❖ **하늘에서 신의 음성이 들리는 꿈**
　최대의 길몽이다. 어떤 일을 해도 큰 어려움 없이 나아갈 수 있으며 자신의 뜻하는 바를 이룰 수 있게 된다.

❖ **신적인 존재가 주는 음식을 받아먹는 꿈**
　직장에서 크게 승진하여 높은 직위에 오르거나 자신의 존재가 돋보일 어떤 중책을 맡게 된다.

❖ **수염이 긴 백발노인에게 무엇인가를 받는 꿈**
　일신이 영예로워지거나 부귀를 누리게 될 것이다.

❖ **자신이 신선이 되어 있는 꿈**
　자수성가하여 행복한 인생을 열어가게 될 것이다. 또한 사업이 번창하며 추진하던 일·소망 등이 크게 이루어져 편안한 삶을 살아가게 되는 좋은 꿈이다. 그렇지만 노인이라면 죽음을 의미하는 경우도 있다.

❖ 선녀가 하늘로 오르는 것을 보는 꿈
사업·소원 등이 이루어져 성공할 기회가 온다.

❖ 선녀와 육체관계를 맺는 꿈
뜻밖의 일로 돈을 벌게 되고 명예도 얻게 된다.

❖ 어떤 백발노인에게서 가루약을 받아먹는 꿈
어떤 기관이나 관련 당국 등에서 사업이나 일에 대한 방도·자본·재물·능력·영향력 등을 받아 크게 성공하게 된다.

❖ 어떤 어려움에 닥쳐 하느님을 찾게 되는 꿈
어려운 일이 닥쳐 힘 있는 사람에게 도움을 청하게 될 일이 있다. 특히 당신은 그 상대방에게 진리를 구하거나 양심에 호소해야 하는 일이 생기게 된다.

❖ 교인이 무언가를 간절히 바라는 마음으로 하나님께 기도하는 꿈
신부에게 고해하여 용서받을 일이 있거나 주위에 있는 협조자의 도움으로 어려운 상황으로부터 벗어나게 된다.

❖ 하나님에게 천당가게 해달라고 간절히 비는 꿈
직장에서 승진하거나 미혼이라면 결혼이 성사될 꿈이다.

❖ **하나님이 구름을 타고 내려오는 것을 보는 꿈**
  학자나 관장 등 위대한 사람이나 책을 접하게 되고 정신적으로 많은 영향을 받을 일이 생긴다.

❖ **하나님이 걸어가는 뒷모습을 지켜보고만 있는 꿈**
  도움이 필요한 상황이 생기게 되고 지도자나 힘 있는 사람이 도와주어 일이 성공하게 되며 돈과 명예가 성취된다.

❖ **성모마리아 앞에서 기도하는 꿈**
  예상하지 못했던 사람의 협조를 받게 되고 그동안 이루어지지 못했던 소원이나 계획했던 일이 성취된다.

❖ **나이가 많거나 중병을 앓는 환자가 자신을 찾아온 천사를 따라서 하늘나라를 보게 되는 꿈**
  죽음이 임박해 있음을 의미한다.

❖ **신령스러운 존재를 만나거나 그들을 따라가는 꿈**
  은인을 만나게 되거나, 학문이나 사업상으로 지도받을 일이 생기며 구원받게 된다.

❖ **귀인을 만나 금불상을 얻는 꿈**
  직장이나 조직의 지휘권을 얻게 되어 명예와 권리가 생긴다. 또한 책을 출판하여 사회적 명성을 얻게 되며 재물도 모으게 된다.

❖ **임산부가 금불상을 얻는 꿈**

태어날 아이가 장차 사회적으로 위대한 사업체를 남기거나 정신적인 업적을 이룩하여 세상에 진리를 널리 퍼뜨리게 될 것이다.

❖ **절에 가서 기도하며 소원을 비는 꿈**

관청이나 정치인 등 유력한 인사에게 부탁이나 로비할 일이 생겨서 도움받게 된다.

❖ **신이 준 약을 받아먹는 꿈**

몸에 병이 나거나 어떤 어려운 일이 닥치게 됨을 예시한다. 그러나 좋은 약이나 평소 존경하는 사람으로부터 방도를 얻게 된다.

❖ **신령한 존재에게 재물을 바치고 기원하는 꿈**

사업이나 추진하는 일과 관련하여 누군가 권력을 가진 사람에게 청탁할 일이 생긴다.

❖ **산에서 산신령이 자신에게 동자를 데려다준 꿈**

태몽이며 태어날 아이는 유명한 학자가 이루지 못한 학문적 과제를 맡아 연구하여 명성을 얻게 된다.

❖ **신선과 장기나 바둑을 두는 꿈**

유명한 학자와 학문적으로 논쟁하게 되거나 사업상 시비를 가릴 일이 생기게 된다.

❖ **선녀가 자신에게 아기를 가져다주는 꿈**
  태몽으로 태어날 아이는 장차 정부 고관이 되어 중책을 맡게 되거나 한 분야에서 최고의 학자가 되어 학문적 업적을 남겨 돈과 명예를 얻게 된다.

❖ **선녀와 결혼하는 꿈**
  남자인 경우 훌륭한 사람을 만나 도움을 받게 되고 추진하던 계획이 잘 이루어지거나 계약이 성립된다.

조상 · 죽은 사람

❖ **돌아가신 아버지가 나타나서 지폐 한 장을 주는 꿈**
  횡재수가 생기거나 뜻하지 않은 재물을 얻게 될 것이다. 이런 꿈을 꾸면 한 번쯤 복권을 구입해도 좋을 것이다. 실제로도 이런 꿈을 꾸고 복권에 1등 당첨된 경우가 있다.

❖ **돌아가신 어머님이 추운 날씨에 고생한다고 말씀하신 꿈**
  사업이나 추진하던 일 · 작품 · 학문 등에 있어 은인이나 협조자를 만나 좋은 일이 있게 될 것이다.

❖ 조상에게 큰절을 하는 꿈
집안 또는 기관에서 어떤 상속을 받거나 그 기관에 청탁할 일이 생긴다.

❖ 조상들이 쓰던 밥그릇을 얻는 꿈
유업을 계승하거나 전통적인 일에 종사하게 됨을 예시한다.

❖ 돌아가신 분이 지폐 뭉치를 누군가에게 주는데, 그 돈이 자신의 것이라고 생각하는 꿈
금전 계약이나 인기인들은 전속 계약을 체결할 일이 생기게 된다. 혹은 독점 상품이나 특허 상품 등에 관련한 좋은 제의를 받게 될 것이다.

❖ 조상에게서 숟가락을 받는 꿈
재산을 상속받을 일이 생긴다.

❖ 돌아가신 부모님이 밝고 즐겁게 있다가 가신 꿈
어떤 정신적·물질적인 유산을 분배받거나 자기의 뜻에 잘 따라줄 사람을 얻게 된다.

❖ 돌아가신 부모님이 빨리 떠나자고 재촉하는 꿈
질병에 시달리거나 예기치 않은 불상사가 생길 것이다. 특히 조심해야 할 것은 교통사고 같은 어떤 사고로 죽음을 예시하는 흉몽이다.

❖ **돌아가신 부모님이나 조상이 눈물 흘리는 꿈**
  자신 또는 형제들에게 위험이 닥쳐오거나 가세가 기울 것을 예시한다. 사업이 크게 실패하거나 집안에 흉사 등이 있을 수 있다.

❖ **자신이 죽은 누군가를 따라 강이나 바다를 건너는 꿈**
  흉몽이다. 큰 병을 얻게 되거나 죽음을 예시한다. 또는 큰 불운이 닥치게 된다.

❖ **자신이 죽은 누군가와 식사하는 꿈**
  죽은 사람이 식사를 대접하는 꿈이었다면 죽음을 예시하거나 큰 질병에 걸리게 된다. 또는 큰 불운이 닥치게 된다. 그러나 자신이 준비해 놓은 음식이거나 자신이 대접하는 것이라면 좋은 일이 생길 것이다.

❖ **돌아가신 할아버지가 밭에서 일하고 있는 꿈**
  자신의 현재 생활이 방탕하거나 절제가 필요함을 경고하는 꿈이다.

❖ **돌아가신 할아버지나 할머니가 즐거워하면서 자신을 데리고 어딘가로 가려고 하는 꿈**
  구설수에 휘말리게 되거나 뜻밖의 사고를 당할 수 있다. 혹은 죽음이나 어떤 우환이 일어날 수 있으니 조심해야 한다.

❖ **돌아가신 조상이 나타나 자신을 향해 빙그레 웃는 모습을 보는 꿈**

부모나 집안의 가장에게 불행이 닥치게 된다. 혹은 직장 상사나 선배·윗사람 등에게 불쾌한 일을 겪게 된다.

❖ **죽은 사람이 관 속에서 나오는 꿈**

먼 곳에서 손님이 찾아올 것을 예시한다.

❖ **죽었던 사람이 말을 하는 꿈**

사업이나 추진하던 일이 크게 번창하게 될 것이다.

❖ **죽었다고 생각된 사람이 웃는 것을 보는 꿈**

병에 걸렸던 사람은 병이 낫게 되며, 어려운 상황에 처해 있던 사람은 그 상황을 벗어날 수 있게 된다.

❖ **죽은 애인이나 친구가 보이는 꿈**

두 가지 경우로 해석된다. 질병에 걸리거나 혼담이 들어오게 될 것을 예시한다.

❖ **죽은 위대한 인물이 방으로 들어오는 것을 보는 꿈**

사업이나 추진하던 일·작품·학문 등이 크게 성공하여 꿈속의 위대한 인물처럼 명성을 떨치게 되거나 꿈속에 나타난 인물처럼 훌륭한 자식으로 태어날 태몽이 되기도 한다.

❖ **돌아가신 조상이 소를 몰고 밭을 갈러가는 꿈**
  가장이나 호주가 새로운 사업에 착수하거나 협조자를 만나게 되고 사업을 변경하게 될 것을 예시한다.

❖ **죽은 조상이 평상시처럼 나타나 불의의 사고로 또다시 죽는 꿈**
  과거에 성취되어 명성을 얻었던 일이 다시 성취되어 기쁨을 누리게 된다.

❖ **죽은 부모가 자신 앞에 나타나 어떤 일을 지휘하거나 일에 대하여 예언하는 꿈**
  사업이나 소망하는 일 등에 큰 힘이 되어줄 협조자를 얻게 되거나 자녀를 얻게 됨을 예시한다.

❖ **문 밖에서 죽은 아내와 마주보고 있는 꿈**
  혼사가 있거나 집안일에 있어 딸 또는 인척들의 반항이나 반대에 부딪쳐 일이 틀어진다.

❖ **죽은 아내나 애인과 성교하는 꿈**
  그들이 상징하고 동일시할 수 있는 누군가와 계약을 맺거나 어려운 일에 대해서 협력하게 된다.

❖ **조상이 자신 또는 자손을 어루만지는 꿈**
  회사가 경영난을 겪거나 사기당할 수 있다. 또한 집안에 우환이 생기고 어린아이가 병들게 된다.

귀신 · 도깨비 · 혼령

❖ **귀신과 싸우는 꿈**

 장수할 꿈이다. 귀신과 싸워 이겼다면 앓고 있던 병이 씻은 듯 낫게 되거나 직장인이라면 승진하게 된다. 그러나 만약 귀신에게 지는 꿈이었다면 큰 사고를 당할 수 있다.

❖ **귀신들에게 쫓겨 다니는 꿈**

 질병에 걸려 고생하게 되거나 사업이나 추진하던 일·소원 등에 있어 장애가 생겨 어려움을 겪게 된다.

❖ **귀신이나 도깨비에게 얻어맞는 꿈**

 교통사고 등 어떤 사고로 인해 부상을 당하게 되거나 건강이 나빠질 수 있다.

❖ **도깨비에게 위협을 받아 두려움에 떠는 꿈**

 현실에서는 꿈과 반대로 기분 좋을 일이 생기거나 뜻밖의 사람으로부터 도움받게 될 것을 예시한다. 또한 뜻밖의 횡재를 할 수도 있다.

❖ **혼령이 춤추는 것을 보는 꿈**

 사고로 다치거나 시비에 휘말려 신상에 좋지 않은 일이 생긴다.

❖ 혼령이 나타나 자신을 어딘가로 이끌려고 하지만 도
 망치는 꿈
 자신을 도와주려는 사람의 호의를 거절할 일이 생기
 거나 다른 사람의 협조 등을 거부하게 된다.
❖ 무서운 귀신을 보지만 전혀 두렵지 않은 꿈
 횡재를 하게 되거나 자신의 일이나 자신에게 도움이
 될 귀인을 만나게 될 것을 예시한다.
❖ 붉은 망토를 입은 유령이 자신 앞에서 춤추는 것을
 본 꿈
 불량배를 만나 이유 없이 매를 맞고 코피를 흘리는
 체험을 하거나 시비에 휘말려 고통을 당하게 된다.
❖ 자신 앞에 나타난 귀신을 몽둥이로 때려 흔적도 없이
 없애버리는 꿈
 그동안 자신을 괴롭히던 정신적 고민거리가 사라진다.
❖ 도깨비가 자신을 쫓아와 시비를 거는 꿈
 자신의 능력에 비해 벅찬 일이 생기거나 경쟁자 혹
 은 악한에게 시달림을 받게 된다.

부모

❖ **아버지 자전거 뒤에 타고 가는 꿈**
  아버지와 동일시될 수 있는 윗사람 또는 자신에게 도움을 줄 사람 등의 도움으로 어떤 새롭고 좋은 일이 일어날 것을 예시하고 있다.

❖ **멀리 떨어져 사는 부모님을 만나는 꿈**
  부모님의 건강에 이상이 생길 것을 예시한다. 혹은 자신의 신상에도 불길한 일이 생길 흉몽이다.

❖ **자신이 어머니를 죽이는 꿈**
  새로운 환경이나 새로운 세계에 뛰어들어 발전의 기반을 마련하게 될 것을 예시한다.

❖ **어머니가 드레스나 고운 한복을 입고 결혼하는 꿈**
  어머니가 중병에 걸리거나 사망할 것을 예시하는 불길한 꿈이다. 혹은 가족들 간에 불화할 일이 생길 것을 예시하므로 주의해야 한다.

❖ **자기 어머니가 여러 명의 아이들을 돌보고 있는 꿈**
  자신의 능력을 인정받지 못해 좌절하거나 구설수에 오른다. 혹은 어떤 사건에 휘말리게 될 것을 예시하므로 매사에 주의해야 한다.

❖ 부모와 함께 길을 걷는 꿈
모든 것이 순조롭고 가정이 화목해짐을 예시한다.

가족 · 친척

❖ 아내가 담 밑에서 아이를 낳는 꿈
직장인이라면 승진하게 되거나 취직을 기다리는 사람은 소원을 성취하게 된다. 또한 횡재수가 있어 돈이 들어올 것이다.

❖ 부부싸움하는 꿈
치고받으며 요란하게 싸우는 꿈이었다면 부부 사이에 애정이 더 두터워져 행복해질 것이다.

❖ 남편을 힘껏 끌어안는 꿈
기쁜 일이 생기거나 생각지도 않던 돈·재물·이권 등을 얻게 될 것을 예시한다.

❖ 배우자와 함께 부부동반 모임에 나가는 꿈
부부 사이에 어떤 좋지 않은 기류가 흐르고 있음을 나타내는 꿈이다. 서로 화합하여 더 이상 나쁜 상황으로 전개되지 않도록 주의해야 한다.

❖ **부부가 함께 어떤 길을 걷는 꿈**
 재산상의 손실이 있게 될 것을 예시한다.

❖ **자신의 배우자가 다른 사람과 결혼하는 꿈**
 배우자와의 사별·이별을 예시하는 흉몽이다.

❖ **남편이 화장실에서 대변을 보고 있는 꿈**
 직장 또는 하는 사업 등에서 실력을 인정받게 된다. 혹은 부지런히 움직임으로써 성공을 보장받을 수 있게 될 것이다.

❖ **형제나 자매가 함께 장작을 패는 꿈**
 유산 상속이나 재산상의 문제로 형제·자매들 사이에서 불화가 생길 것을 예시한다.

❖ **형제·자매들이 한 방에 둘러앉아 있는 꿈**
 집안에 우환이 생기거나 자신의 신변에 좋지 않은 일이 생기게 될 것을 예시한다.

❖ **형제나 자매 중 누군가가 결혼하는 꿈**
 결혼을 한 형제·자매의 신변에 사고나 질병 등이 생길 수 있는 불길한 꿈이다.

❖ **형제·자매와 함께 비행기를 타고 어딘가를 가는 꿈**
 자신의 사업장에 파업이 일어나거나 작업 중단으로 막대한 손실을 입게 될 것을 예시한다.

❖ 형제 · 자매끼리 싸우는 꿈
생각지 않은 기쁜 일이 생기며 재물이 들어올 꿈이다.
❖ 형이나 오빠와 함께 걷는 꿈
실제로 형이나 오빠와 어떤 일을 함께 진행시키게 되거나, 형 또는 오빠가 상징하는 어떤 인물과 동업하게 될 것을 예시한다.
❖ 가족이 아닌 다른 사람이 자신의 집으로 들어오는 꿈
누군가 자기에 관한 일을 알려고 하거나 실제로 방문객이 있을 것이다.
❖ 집안 친척이 죽어서 상복을 입는 꿈
직장인은 승진하게 되거나 생각지도 않던 재물을 얻게 될 것이다. 또한 자신의 소원이 순조롭게 이루어지게 된다.
❖ 집안 어른들이 음식상 앞에 모여 얘기를 나누며 즐거워하는 꿈
집안에 경사가 겹치거나 재물이 들어올 것을 예시한다.

아기 · 어린이

❖ 어린아이와 성교하는 꿈
어떤 유치한 사람과 동업할 일이 생기거나 불완전한 일을 맡게 되어 마음이 불안한 상태가 된다.

❖ 여자아이를 안아주는 꿈
좋지 않은 일로 사람들의 입에 오르내리고 불길한 일이 생길 것을 예시한다.

❖ 어린아이가 울면서 보채는 꿈
어떤 곤란한 상황에 직면하게 될 것을 예시한다.

❖ 어른인 자신이 어린아이로 나타나는 꿈
자신보다 지식이나 지혜가 풍부하고 능력 · 경험 등이 뛰어난 사람과 관계하게 된다.

❖ 어린아이를 목 졸라 죽이는 꿈
현실에서 정신적인 갈등을 겪고 있거나 상당히 강한 스트레스를 받고 있음을 나타낸다.

❖ 어린아이가 없어졌다고 찾아다니는 꿈
그동안 괴롭혀왔던 고민이나 걱정거리가 해결되고 사업이나 추진하던 일이 번창하여 재물 · 명예 등이 함께 따라온다.

❖ **영리하고 귀엽게 생긴 아이가 자신에게 말을 거는 꿈**
   태몽이라면 건강하고 영리한 아이를 낳게 될 것이다. 일반인이 이런 꿈을 꾸게 되면 소원이나 계획 등이 이루어지고 재운(財運)이 따르게 된다.

❖ **어린아이가 병에 걸려 고통스러워하는 것을 보는 꿈**
   사업이나 추진 중인 일이 난관에 부딪혀 답보 상태에 놓이게 될 것이다. 혹은 자신의 아이가 실제로 병에 걸릴 징조이므로 주의해야 한다.

❖ **갓난아기가 똥오줌을 싸는 꿈**
   만약 그 오물이 자신의 몸이나 옷에 묻었다면 구설수에 오르거나 창피를 당할 일이 생길 것이다.

❖ **벌거벗은 어린아이가 책을 옆에 낀 채 말을 하는 꿈**
   훌륭한 스승의 가르침으로 학문적 성과를 얻게 되거나 교리나 이론 등에 있어 성과를 얻게 된다.

❖ **갓난아기가 자기에게 붙어 떨어지지 않으려고 하는 꿈**
   흉몽으로 무슨 일을 하든지 어려움이 따르게 된다.

❖ **선녀가 아기를 가져다준 꿈**
   태몽으로 태아가 장차 고관으로부터 중책을 맡거나 으뜸가는 학자가 되어 학문적 업적을 남김을 예시한다.

❖ **자신이 어린아이에게 젖을 먹이는 꿈**

누군가 못다 이룬 학문이나 그 밖의 일을 자신이 완전한 것으로 만들게 된다.

❖ **아기가 평화로운 모습으로 잠든 것을 보는 꿈**

사업이나 추진 중인 일·소원 등 모든 일에 주변의 도움이 따라 순조롭게 진행되며 행운이 따를 길몽이다.

❖ **어린아이가 사고로 죽는 꿈**

그동안의 근심이나 걱정거리가 해소되어 정신적인 고통이 말끔히 낫게 된다. 혹은 환경의 변화로 인해 성장·발전의 기회가 주어질 수 있다.

❖ **울고 있는 갓난아기를 달래주는 꿈**

어떤 고민거리나 걱정거리가 생겨 마음이 초조해지게 된다.

❖ **갓난아기를 업고 여행하는 꿈**

사업이나 추진 중인 일, 그 밖의 일이 험한 여정을 걷게 되어 고통을 당하게 될 것을 예시한다.

❖ **돌아가신 부모나 조부 등이 갓난아기를 업고 가는 것을 보는 꿈**

집안의 가장이나 부모가 질병에 걸리거나 사업이 난관에 부딪혀 마음고생을 하게 될 것을 예시한다.

❖ 자신이 갓난아기를 험악하게 다뤄 눈앞에서 없애는 꿈
현실에서의 어떤 고민이나 걱정거리 등을 말끔히 해결하게 된다.

❖ 갓난아기를 때려서 상처를 입히고는 불안해하는 꿈
사업이나 추진 중인 일·소원 등이 성취되지 않아 근심과 걱정이 더 많아질 것을 예시한다.

❖ 갓난아기를 죽이는 꿈
사업이나 추진 중인 일·소원 등이 성취되고 근심이나 걱정거리가 깨끗이 사라지게 될 좋은 꿈이다.

❖ 갓난아기를 안았거나 업은 여인이 따라오는 꿈
시비에 휘말리거나 누군가 괜한 꼬투리를 잡아 일이나 사업을 방해할 일이 생긴다.

❖ 갓난아기가 모여 있는 것을 보는 꿈
성욕을 억제할 수 없어 괴로워하거나 어려운 일이 잇따라 생길 것을 예시한다.

❖ 갓난아기의 똥을 만지는 꿈
불쾌한 마음이 안 생겼다면 사업이 잘 되거나 어떤 일의 대가로 돈이 생기게 된다.

❖ 갓난아기가 우는 것을 달래주는 꿈
어떤 고민거리로 인해 마음이 초조하고 불안해진다.

❖ 갓난아기의 시체가 관에 담겨진 것을 보는 꿈
작품이 발표되거나 추진하던 일이 성사된다.
❖ 임산부를 보는 꿈
사업에서 생각지 않은 부수적 성과가 나타나게 되며, 자기가 임신하는 꿈이라면 사업 성과나 저축이 예시된다.
❖ 아기를 낳거나 낳는 것을 보는 꿈
돈이나 재물 등을 얻게 되며 예술가라면 작품을 완성하게 된다.

신랑 · 신부 · 연인

❖ 신부가 환하게 웃고 있는 꿈
친한 친구가 먼 곳으로 떠나거나 기다리던 사람이 오지 않는다.
❖ 신랑 신부가 서로 바라보고 맞절하는 꿈
모든 일마다 꼬이기만 하고 뜻대로 풀리지 않는다.
❖ 애인에게 노트를 빌려오는 꿈
그 애인과의 애정에 있어 어떤 결실을 보게 된다.

❖ 바닷가에서 애인과 데이트하는 꿈
　현실에서의 애인관계에 변화가 생겨 좋은 결실을 얻게 될 것을 암시하고 있다.

❖ 유원지나 공원에서 애인과 데이트하는 꿈
　평소 좋아하던 사람이 자신을 향해 접근하게 된다.

❖ 애인과 함께 영화를 보거나 영화관에 가는 꿈
　지금 생각하고 있는 이성 외에 새로운 사람이 생기게 된다. 또한 사업가는 기존의 사업 외에 다른 부문으로 사업을 확장하게 될 일이 있음을 예시한다.

❖ 연인과 다정하게 포옹하는 꿈
　연인과의 관계가 악화되거나 불안한 상태임을 예시한 것이다.

❖ 연인에게 실연을 당해 슬퍼하는 꿈
　현실에서는 반대로 자신이 좋아하는 누군가가 생기게 됨을 예시하거나, 실제로 연인과 이별하게 됨을 예시한다.

❖ 애인이 강물에 빠져 살려달라고 외치는데 자신의 다리가 말을 듣지 않아 가보지 못하는 꿈
　애인이 병에 걸리거나 어떤 곤경에 처해 있으면서도 누구의 도움도 받지 못하게 될 것을 예시하는 꿈이다.

❖ 애인이 불러도 오지 않고 점점 더 멀어져가는 꿈

사업이나 추진 중인 일 등이 자신의 뜻대로 되지 않고 자꾸 어긋나게 될 것이다.

❖ 애인이 피를 흘리며 자신에게 다가오는 꿈

자신의 신변에 위험이 닥치거나 질병에 걸릴 수 있다. 만약 꿈속에서 그 애인을 밀쳐냈거나 모질게 대해 떼어냈다면 어떤 일이 전화위복의 기회가 될 것을 예시한다.

❖ 애인이 다른 이성에게 교태를 부리는 것을 보고 화가 나서 죽인다고 덤비는 꿈

누군가를 접대하거나 면접관이 되어 면접을 보게 된다. 이로 인해 남성이나 여성 모두를 골고루 접할 기회가 생기게 된다.

❖ 짝사랑 또는 삼각관계에 빠졌던 여성이 자기 품에 안기는 꿈

성취하고 싶었던 일이나 계획하던 일, 자신이 관여하던 일을 착수하거나 심적 고통이 해소된다.

❖ 죽은 애인이나 배우자가 문 밖에서 자기를 부르는 꿈

불길한 꿈처럼 여겨지지만 가까운 시일 안에 진행 중인 혼담이 성사될 것을 예시하는 꿈이다.

경찰 · 군인

❖ **경찰관이나 제복 입은 사람이 자신을 연행해 가는 꿈**
자기가 하고 있는 일이 국가기관이나 공공기관에 의해 심사받을 일이 생긴다. 만약 수갑을 차고 끌려가는 꿈이었다면 취직이 되거나 계획하던 일이 성사된다. 혹은 병이 날 수도 있다.

❖ **경찰관이 자신의 도장을 받아가는 꿈**
집안사람 중 누군가가 죽거나 변을 당할 불길한 꿈이니 조심해야 한다.

❖ **경찰관의 호출장 또는 영장을 받는 꿈**
입학이나 취직 등의 합격 통지서가 온다.

❖ **경찰관이나 군인이 집을 포위하는 꿈**
청탁한 일이 성사 직전에 있거나 위험한 사건이 발생한다.

❖ **경찰이나 형사 등이 자신의 집에 오거나 자신과 얘기하는 꿈**
도덕적으로 갈등을 겪게 되거나 성적인 욕망이 강해지므로 자신의 본능을 눌러야 할 상황에 직면한다. 혹은 병에 걸릴 수 있으므로 주의해야 한다.

❖ **어떤 위험한 상황에서 경찰에게 도움을 요청하는 꿈**
 마음이 안정되지 않아 더 큰 어려움에 직면할 수 있다.

❖ **자신이 경찰에게 쫓기는 꿈**
 입학이나 취직시험 등에서 실패하거나 좋지 않은 일이 생길 징조이다.

❖ **장교나 경찰 간부 등 제복을 입은 사람에게 거수경례하는 꿈**
 상관에게 어떤 청탁을 하게 될 것을 예시한다.

❖ **형사가 자기 집을 수색하는 꿈**
 자신의 신변이나 내력에 대한 인터뷰를 당하게 되거나, 혹은 시험관이나 심사관 등으로부터 자신의 신변에 대한 심사를 받게 될 것이다.

❖ **자신이 군인이 되어 있는 꿈**
 학생이 이런 꿈을 꾸면 곧 사회생활을 하게 될 것을 예시하며, 일반인이라면 직장에서 대인관계로 심적인 고통을 당하고 있음을 나타낸다.

❖ **부상을 당한 군인이 힘겹게 길을 걷는 꿈**
 현실에서 자신이 하고 있는 일이 힘에 겹거나 심신이 피곤한 상태를 나타내는 꿈이다. 일을 잠시 쉬고 휴식이 필요한 때이다.

❖ **자신이 다른 군인들과 함께 훈련을 받는 꿈**
　자신의 능력을 새롭게 평가받을 일이 있거나 그러한 상황에 놓이게 될 것을 예시한다.

❖ **군인이 행진하는 것을 보는 꿈**
　추진 중인 일이나 계획하는 일들이 잘 진행되게 될 것이다.

❖ **군대가 적진을 향해 군기를 들고 전진하는 것을 보는 꿈**
　자신의 아이디어나 전략 등이 기업이나 관청 등에서 채택되어 성공하게 될 것이다.

❖ **군복을 벗는 꿈**
　군인인 사람이 이런 꿈을 꾸면 머지않아 휴가를 얻게 되거나 제대할 것을 나타낸다.

❖ **군인처럼 완전군장을 하고 있는 꿈**
　기관이나 단체의 일원이 되어 중책을 맡는다. 혹은 작품이나 업적이 공모전이나 대회에서 상을 받게 된다.

❖ **적에게 쫓기는 꿈**
　불길한 꿈이다. 병에 걸리거나 사업이 실패하거나 계획하던 일을 성취하지 못한다.

선생님

❖ **과거 은사님이나 존경하던 선생님을 보는 꿈**
  자신의 일이나 사업에 협조적인 사람을 만나거나 자신에게 호의적인 사람을 만난다.

❖ **교실에서 자신의 책걸상을 찾지 못해 당황하는 꿈**
  입시나 취업·승진시험 등에서 떨어지거나 혹은 현실에서 자신의 자리나 위치에 대한 불안감이 그렇게 나타난 것일 수도 있다.

❖ **존경하지 않는 선생님을 보는 꿈**
  학생이 이런 꿈을 꾸는 것은 평소 선생님에 대한 반발심이나 두려움이 나타난 것이고, 일반인이 이런 꿈을 꾸면 윗사람이나 직장 상사 등에게 책망을 듣게 되거나 불쾌한 일이 생긴다.

❖ **선생님이 들판에서 걸어오는 것을 보는 꿈**
  일이나 사업이 자신의 혼자 힘으로는 풀리지 않으며, 협조자나 협조 기관의 도움을 받아야만 풀린다.

❖ **교실이나 강당에서 선생님의 설명을 듣는 꿈**
  사업이나 추진하는 일이 난관에 부딪혀 다시 재검토해야 할 일이 생긴다.

❖ 자신이 선생님이 되어 학생들을 가르치는 꿈
많은 사람들에게 자신의 사상·이념·이론 등을 널리 알리게 될 일이 있을 것이다. 만약 학생들이 질문하는 꿈이었다면 자신의 사상이나 이념 등에 반기를 들 사람이 생기게 될 것이다.

친구·동료·손님

❖ 친구나 동료와 함께 서류를 처리하는 꿈
잘 풀리지 않던 곤란한 일들이 주변 사람들의 도움으로 쉽게 해결되며 앞으로 희망이 생기게 된다.

❖ 평소 미워하던 사람을 만나는 꿈
질병에 걸릴 것을 암시하므로 주의해야 한다.

❖ 사이가 좋지 않은 친구에게 맞는 꿈
정신적인 불안과 앓고 있던 병이 낫게 되거나 사이가 좋지 않은 그 친구와 우정을 쌓게 될 것이다.

❖ 친한 친구와 말싸움을 하는 꿈
직장인은 업무로 인해 곤란한 입장에 빠지게 되거나 공연한 구설수에 휘말리게 될 것이다.

❖ 친구가 남루한 옷을 입고 있는 것을 보는 꿈
현실에서 그 친구의 학식이나 능력이 보잘것없음을 나타낸다. 혹은 그 친구가 실직 상태이거나 고독한 상태를 의미하기도 한다.

❖ 자신이 친구의 부모에게 인사하는 꿈
상관이나 윗사람에게 뭔가 청원할 일이 생기며, 청원이 받아들여질 것이다.

❖ 동료가 백발이 된 것을 보는 꿈
자신은 편안하지만 상대방이 고달픈 일을 하거나 고달픈 상황에 놓여 있음을 나타내는 것이다.

❖ 친구로부터 충고나 조언을 듣는 꿈
자신이 모르고 있는 동안 상대방이나 조직 속에 배신자가 흉계를 꾸미기 쉽다. 누군가의 유혹이나 속임수를 조심해야 한다.

❖ 먼 곳에서 귀한 손님이 찾아오는 꿈
승진 소식이 있거나 술과 음식을 배불리 먹을 일이 생길 것을 예시한다.

❖ 아랫목에 손님을 모시는 꿈
평소에 존경하던 어른이나 보호해 줘야 할 사람을 만나게 된다.

의사 · 간호사

❖ 의사에게 진찰받는 꿈
자신의 비밀이 다른 사람에게 알려지거나 자신의 작품 · 일 등이 다른 사람으로부터 평가를 받게 된다.

❖ 어딘가 아파 의사를 찾아 헤매는 꿈
현실에서 어떤 곤란한 일에 대한 해결책을 찾기 위해 고민하고 있거나 자신의 인생에 대해 고민하고 있음을 나타내는 꿈이다.

❖ 의사가 자신에게 화를 내는 꿈
의사가 상징하는 어떤 인물, 즉 아버지나 선생님 · 직장 상사 등과 어떤 대립이 있거나 그들의 기대에 어긋나는 어떤 일로 인해 불안해하는 마음을 나타내고 있다.

❖ 의사가 아무 병도 없다고 진단하는 꿈
직장인이라면 상사가 자신의 업무에 대해 좋은 평가를 내려줄 것이다.

❖ 간호사의 부축을 받는 꿈
부하직원이나 기타 사람의 도움과 협조를 얻어 새로운 회사에 취직하게 될 것이다.

성직자

❖ **자신이 스님이 되는 꿈**
사업이나 추진하던 일, 소망하는 일, 직장에서의 승진 문제 등 만사가 순조롭고 좋으며, 병에 걸려 있던 사람이라면 병이 낫는다.

❖ **스님이 자신의 집에 와서 독경하는 꿈**
자신 또는 가족 중 누군가가 질병에 걸리게 되며, 집안에 근심이 생길 것을 예시한다.

❖ **자신이 파계승과 어울려 다니는 꿈**
천박한 사람이나 건달, 좋지 않은 일을 하는 사람들과 관련을 맺을 일이 생긴다.

❖ **늙은 스님을 보는 꿈**
지금까지 고민해 왔던 일이 해결되어 정신적인 고통에서 벗어나게 될 것을 예시한다. 또한 정신적으로 상당히 성숙해지게 된다.

❖ **자신이 고매한 스님이 된 꿈**
사업이나 추진하던 일이 별 진전은 없지만 기초를 다지고 내실을 기할 수 있게 된다. 또 현실에 대한 만족을 나타내기도 한다.

❖ **스님이 추는 승무를 보는 꿈**
  귀인의 도움으로 어떤 일이든 성공하여 부귀를 누리게 될 것을 예시한다.

❖ **자신이 절에 가서 불경을 읽는 꿈**
  그동안 앓았던 질병이 낫거나 근심·걱정거리가 깨끗이 해결되어 정신적인 고통에서 놓여날 것이다.

❖ **어떤 남자가 갑자기 비구니 혹은 수녀로 변한 꿈**
  사업이나 추진하던 일 등에 있어 생각지 못한 복병으로 인해 실패하게 되고 거래나 계약이 취소될 것을 예시한다.

❖ **어떤 여자가 갑자기 신부나 스님으로 변하는 꿈**
  남자와는 반대로 길몽이다. 사업이나 추진하던 일 등이 승승장구하게 되고 미뤄왔던 계약 등이 체결된다.

❖ **자기 집 문 앞에서 스님이 꽹과리를 두드리는 꿈**
  집안에 명성을 떨칠 인물이 태어나게 된다.

❖ **비구니가 검은 개를 데리고 자기 집 마당을 돌고 있는 꿈**
  부하직원이나 고용인·아랫사람 등으로부터 배반당할 일이 있을 것이다. 혹은 보증 선 것이 잘못되어 낭패를 보게 된다.

❖ **교회의 같은 신도에게 성경을 읽어주거나 설교하는 꿈**
강의를 할 일이 있거나 다른 사람을 설득할 일이 생긴다.

❖ **스님에게 시주하는 꿈**
자신의 일을 다른 사람을 통해 관련 기관이나 단체 등에 청원할 일이 생긴다. 이때 스님에게 시주를 많이 할수록 청원할 일이 많거나 크며, 잡곡으로 시주하면 취직이나 입학시험에서 떨어지거나 작품 심사에서 탈락하게 된다.

❖ **신통력 있는 도승이나 덕이 많은 고승을 만나 이야기하는 꿈**
학자나 스승·기업체 사장들과 관련된 일을 하게 될 것이다.

❖ **노승에게서 불경을 얻는 꿈**
유명한 학자에게 학력을 인정받거나 출세할 방도가 생긴다.

❖ **파계승이 사복을 입고 있는 것을 보는 꿈**
천박한 사람을 만나 곤란한 상황을 맞게 된다.

신문기자 · 범죄자 · 거지

❖ **신문기자와 인터뷰하는 꿈**
직장에서 근무 성적이나 근무 태도를 평가받을 일이 생기거나 다른 사람에게 자신의 행동이나 일 등을 설명할 일이 생긴다.

❖ **기자가 사진을 찍거나 인터뷰 내용을 녹음해 가는 꿈**
누군가에게 자신의 자유를 구속받게 되거나 어떤 사건 등의 증거를 다른 사람에게 포착당하게 된다.

❖ **신문기자가 자기 집을 방문하는 꿈**
자신의 신상 문제를 누군가 알고자 한다.

❖ **자신이 신문기자에게 뇌물을 주는 꿈**
현실에서 어떤 난처한 일이 점차 해결되어 근심이나 걱정거리가 사라지게 될 것이다.

❖ **범죄자에게 자신이 살해되거나 상해를 입는 꿈**
자신의 사업이나 추진하던 일 등을 제3자가 평가하게 될 일이 있을 것이다.

❖ **범죄자에게 쫓기는 꿈**
어떤 일이나 사업 등에 실패하여 자책감을 갖게 되거나 소망 · 계획한 일 · 좋은 기회 등이 사라진다.

❖ **도둑이 물건을 훔쳐가는 것을 보는 꿈**
　지금까지의 근심이나 걱정이 말끔히 씻겨나가게 된다. 또한 집안의 우환이나 재앙이 사라지게 된다.

❖ **강도나 도둑이 자신의 목을 조르는 꿈**
　보석이나 귀중품을 도난당하거나 가족이나 가까운 친척들이 재난을 당하게 된다.

❖ **도둑이 칼에 찔려 피를 흘리는 꿈**
　횡재수가 있을 것이다.

❖ **자신이 도둑이 되어 남의 집 담을 넘는 꿈**
　현실에서 운세가 확 트일 것을 예시하고 있다. 추진 중인 일, 소원 등이 자신의 뜻대로 성취되어 큰 이익을 얻게 된다. 직장인이나 관직에 있는 사람들은 고위직으로 출세하게 된다.

❖ **자신이 남의 물건이나 돈을 훔치려다 실패하는 꿈**
　사업이나 추진 중인 일이 좌절되어 당분간 곤란한 상황에 놓이게 될 것을 예시한다.

❖ **누더기를 입은 거지를 보는 꿈**
　재물이 들어오게 된다.

❖ **구걸하는 거지에게 동냥하는 꿈**
　현실에서의 고민거리나 근심이 해소된다.

❖ **아는 사람이 거지가 된 것을 보는 꿈**
꿈속의 거지로 상징되는 인물이 몰락하거나 고독한 사람을 보게 된다.

❖ **도둑이 와서 벽을 뚫는 꿈**
자기 일이나 사업 또는 연구 등이 크게 발전하고 좋은 성과를 얻을 때가 곧 다가왔음을 예시한다.

❖ **미친 여자가 아이를 업고 쫓아오는 꿈**
낙상·재해 등의 꿈처럼 불길하니 특히 조심해야 한다. 큰불이 나거나 사고에 주의해야 한다.

대통령·임금·황후 및 귀인

❖ **자신이 대통령 표창을 받는 꿈**
어떤 명예로운 상을 받게 되거나 직장인이라면 영전하게 될 길몽이다.

❖ **대통령에게 자신이 경의를 표하는 꿈**
국가가 자신의 신변을 보호해 줄 일이 생기거나, 대통령이 상징하는 어떤 인물, 즉 아버지나 윗사람 등이 자신을 원조해 줄 것이다.

❖ 대통령과 한 책상에 마주앉아 있는 꿈
　상관이나 윗사람에게 반항하거나 시비할 일이 생기게 된다. 혹은 아버지나 그와 비슷한 권위를 가진 사람에게 꾸지람을 듣게 될 것이다.

❖ 귀인을 초대하여 대접하는 꿈
　어려운 순간에 귀인으로부터 도움을 받아 일을 성사시키고, 이로 인해 세상에 이름을 알리게 될 것이다.

❖ 유명인이나 성인이 자신의 집을 찾아오는 꿈
　사업가는 사업이 번성하여 크게 재물을 쌓게 되며, 정치인은 높은 관직을 얻거나 큰 세력을 얻게 된다.

❖ 대통령과 함께 걷는 꿈
　자신보다 능력 있고 신분도 높은 어떤 사람 또는 자신이 가장 존경하는 사람과 관계하여 동업이나 일을 같이 하게 되며, 그 결과 또한 크게 성공하게 된다.

❖ 대통령이 수행원을 데리고 자기 집에 다녀가는 꿈
　정책적으로 중요한 역할을 맡게 된다.

❖ 대통령이 자기 집에 오겠다는 약속을 하는 꿈
　최대의 명예와 권리가 주어질 일이 생긴다.

❖ 황제 · 대통령 · 수상 등 통치자가 사망하는 꿈
　최고 최대의 성취와 명예가 주어진다.

❖ **대통령과 비행기를 함께 타는 꿈**

직장인이 이런 꿈을 꾸게 되면 크게 승진하거나 사장이 새로 오게 된다.

❖ **대통령이 주는 명함을 받는 꿈**

크게 횡재할 꿈으로 복권에 일등으로 당첨된 사례도 있다. 대통령의 명함은 최고의 권리 이양을 뜻한다. 따라서 어떤 기관이나 회사·기업체 등에게서 권리의 일부를 획득하게 된다.

❖ **대통령에게 음식을 대접하는 꿈**

최고 존경의 대상에게 일을 부탁하거나 청원할 일이 생긴다.

❖ **대통령이 되는 꿈**

어떤 기관의 장이나 단체 지도자가 되어 명예나 권세를 누린다. 또한 학생의 경우는 수석을 하거나 학생회장이 되고 사업가라면 크게 성공하게 된다.

❖ **임금이 베푼 잔치에 자신이 참석하여 즐기는 꿈**

신분·명예·지위 등이 상승하고 직장인이라면 자신의 업무 능력을 인정받게 된다.

❖ **임금이나 왕자 등의 부름을 받는 꿈**

권력자의 초대를 받거나 그의 주목을 받는다.

❖ **자기가 왕자나 공주가 되는 꿈**

유산을 상속받거나 높은 신분과 관계를 맺게 된다.

❖ **자신이 황후와 나란히 서서 이야기를 나누는 꿈**

직장인이라면 고위직으로 승진하게 되거나 신분이 상승하게 되며, 이로 인해 재물을 쌓게 되어 집안이 풍요로워진다.

❖ **왕이 아는 인물이어서 깜짝 놀라는 꿈**

동료나 친구·자신이 알고 있는 지인 등의 도움으로 부귀를 누리게 된다.

❖ **여자 유명인이 자기 집을 찾아오는 꿈**

어떤 보증서나 차용증서·이권 등을 획득하게 될 것을 예시하며, 이로 인해 명예와 권리가 주어진다.

❖ **군중들 속에서 연설을 하던 유명인과 악수를 하는 꿈**

별 실익도 없는 일에 휘말려 몸고생 마음고생을 하게 되거나 다른 사람에 막혀 사회 진출에 어려움이 생기게 된다. 그러나 단순히 유명인을 만나 악수를 하는 꿈이었다면 길몽이다.

❖ **자신의 회사 사장님이 논과 밭을 사준다고 말하는 꿈**

현재의 고생으로 권리나 영토·사업장 등이 마련될 것을 예시한다.

연예인 · 배우 · 광대

❖ **인기 여배우와 키스하는 꿈**
최고의 인기작품에 관한 소식을 듣거나 유명인에 대한 책을 읽게 된다.

❖ **자기 집 주변에서 영화 촬영하는 것을 보는 꿈**
어떤 작품 활동을 하게 되거나 이와 관련된 직종에 종사하며, 혹은 이러한 사람과 친분을 맺게 된다.

❖ **서커스를 보면서 즐거운 한때를 보내는 꿈**
선거 유세에 참여하거나 잡지 등에서 외설물을 보게 된다. 혹은 사업이나 추진 중인 어떤 일이 위험한 상황에 놓인 것처럼 보이지만 사실은 별 문제 없이 순조롭게 진행되고 있음을 나타내고 있다.

❖ **배우의 의상이 화려한 것을 부러워하는 꿈**
자기 주위에 있는 어떤 사람의 지위나 뛰어난 작품 등을 보고 자신과 비교하게 되고 패배의식을 갖게 된다.

❖ **유명한 배우가 입던 옷을 받아 입는 꿈**
평소 관심을 가지고 있던 분야의 유명한 사람에게 지도를 받거나 협조를 얻어 비슷한 일을 하게 된다.

❖ **영화 촬영 장소에서 구경꾼이 너무 많아 혼란스럽던 꿈**
자신의 사업이 여러 가지 점에서 보완하거나 고쳐야 할 일이 많이 생기게 되고 자신의 일에 관심을 갖고 있는 사람이 많음을 뜻한다.

❖ **유명한 영화배우나 탤런트 등과 데이트하는 꿈**
직장이나 모임 등에서 인기를 얻거나 과시할 만한 일이 생긴다.

❖ **서커스 공연 같은 곳에서 줄타기를 하다 떨어지는 것을 보는 꿈**
사업이나 시험에서 실패를 하게 된다. 떨어져서 죽은 것을 보았다면 자신에게 닥친 어려운 일이 어떤 기관의 도움을 받아 처리된다.

목수 · 기술자

❖ **목수가 목수일을 하고 있는 것을 보는 꿈**
현실의 자신에 대한 불만이 나타난 것이다. 특히 외모에 대한 불만이나 성형수술을 생각하는 마음이 나타난 것이라고 볼 수 있다.

❖ **자신이 목수가 되어 일을 하는 꿈**
  사업이나 추진하던 일이 번창하고, 직장인은 업무 능력을 인정받아 승진의 기회를 맞는다. 또한 재물을 얻게 되어 생활에서도 안정을 꾀할 수 있다.

❖ **자신이 기술자가 된 꿈**
  가까운 사람으로부터 자신의 능력을 시험당하게 되거나 능력을 보여주어야 할 일이 생긴다. 이로 인해 심리적으로 압박감을 갖게 된다.

나체의 여자

❖ **나체의 여성이 자신을 보고 웃음 짓는 꿈**
  초조하게 기다리던 일이나 사업, 작품의 결과가 좋게 나올 것을 예시한다. 그러나 건강에 이상이 올 수도 있으니 조심해야 한다.

❖ **나체의 여자가 도망쳐서 사라지는 꿈**
  사업이나 추진하던 일·작품 등이 아깝게 실패하게 된다.

제2장

자연·자연현상에 관한 꿈

강 · 호수 · 바다

❖ **바다에 파도가 거세게 일어나는 것을 보는 꿈**

부부간에 불화가 생기거나 가족 간에 좋지 않은 일이 생기게 된다. 혹은 사업에 어려운 일이 닥치게 될 것이다.

❖ **바닷물이 점점 불어나는 것을 보는 꿈**

사업이 크게 발전하며 대길한 꿈이다.

❖ **바닷물이 줄어들거나 말라 바닥이 드러나 보이는 꿈**

사업이 위축되고 하는 일이 점차 쇠하여 잘 풀리지 않으며 자금이나 경제적으로 사정이 나빠진다.

❖ **고요한 바다를 바라보는 꿈**

윗사람이나 선배 · 직장 상사 등의 도움을 받아 승진 · 출세 · 성공 등을 하게 된다.

❖ **호수 가운데 무언가 있는 것을 보는 꿈**

결혼 상대자를 찾게 되거나 자신에게 맞는 사업 · 취미 등을 찾을 수 있을 것이다.

❖ **강물이 맑게 보이는 꿈**

지금까지 자신을 괴롭혀 오던 고민이나 걱정거리 · 질병 등이 사라지게 된다.

❖ 호수나 강물이 갑자기 어는 꿈

사업에 더 이상의 진척이 없어 수입을 기대할 수 없거나 일이 정체되고, 취직이 되지 않아 실업자의 신세를 면하지 못하게 된다.

❖ 강물이 하나로 흐르다가 두 갈래로 갈라지는 꿈

추진하고 있는 일이나 사업체가 양분될 것을 예시한다.

❖ 바다에서 조난을 당해 구조를 기다리고 있는 꿈

어떤 일이나 사업에 있어 중대한 위기에 직면하게 되며, 다른 사람이나 기관 등에 의지해 위험을 극복하려 한다.

❖ 동물이 물속으로 들어가 자취를 감추는 꿈

어떤 일이 끝이 보이지 않거나 자신과 관계있는 인물이 실종될 것을 예시한다.

❖ 강물에서 손발을 씻고 있는데 오히려 기름같이 더러운 것이 묻어서 씻기 어려워지는 꿈

어떤 일을 열심히 하지만 성과를 얻기 어렵다. 또한 재물이 좀처럼 쌓이지 않고 적성에 맞지 않아 괴로워하면서도 쉽게 그 직장을 벗어나지 못해 당분간 어려움이 계속될 것이다.

❖ 강물이나 바다 위를 평지같이 걷는 꿈
　주위의 모든 여건이 자신에게 유리하게 전개되어 추진하던 일이나 사업 등이 번성하고, 원하던 직장에 취직하며 소원이 이루어진다.

❖ 어떤 동물이 호수 속으로 들어가는 것을 보는 꿈
　국가기관이나 회사에 취직하거나 예술가인 경우 작품 등을 완성하여 명성을 얻게 된다.

❖ 호수에서 용이 나오는 것을 보는 꿈
　태몽으로 태어날 아이는 장차 귀한 신분이 되며 출세하여 세상에 이름을 드높이게 된다.

❖ 호수가 핏빛으로 물들어 공포감을 느끼는 꿈
　자신이 종사하고 있는 곳과 관련하여 많은 사람들을 정신적으로 감화시킬 수 있는 어떤 일을 깨끗하게 처리하게 된다.

❖ 바다나 강물의 파도가 거세지는 것을 보는 꿈
　부부가 이혼·별거를 하게 되거나 사업에도 경영상의 문제로 재산상의 손실을 보게 된다.

❖ 바닷물이 밀려오는 것을 한가롭게 바라보는 꿈
　새로운 사조나 유행이 밀려와 자신에게 영향을 미치고 사업가는 사업이 융성해진다.

❖ 바다 한가운데 우뚝 솟아 있는 산속으로 들어가는 꿈
자신의 죽음을 미리 알리는 것이거나 갑작스러운 일로 인해 외국에 갈 일이 생긴다.

❖ 호수의 얼음을 깨고 그 속에 들어가 몸을 씻는데 물이 따뜻하게 느껴지는 꿈
현재의 어려운 난관에 부딪혀 있는 일이 쉽게 풀리게 되거나 어려운 협상이나 계약 등이 성사될 것을 예시한다.

❖ 살얼음이 언 강을 무사히 건너는 꿈
실직이나 시험에서의 불합격 등을 두려워했으나 시험에 합격하거나 승진·영전 등을 하게 된다.

❖ 맑은 강물을 들여다보는 꿈
자신의 사상이나 사업·작품 등에 만족하거나 집의 입지조건이 좋다는 것을 암시한다.

❖ 높은 산 위에서 맑은 물이 폭포처럼 여러 군데서 떨어지는 것을 바라보는 꿈
자식이나 형제 문제로 걱정하던 일이 조상의 도움으로 해결되게 될 것이다. 혹은 시험이나 사업에 도움을 줄 조언자를 만날 수 있다.

물 · 우물 · 수돗물 · 샘물

❖ **물바다가 된 들판 가운데 서 있는 꿈**
권력자 · 세도가 · 힘 있는 사람 · 고귀한 신분의 사람과 인연을 맺게 되며, 이들의 도움을 받아 소원 등이 크게 이루어진다.

❖ **자기 집에 물이 스며 나와 고이는 것을 보는 꿈**
집안이나 자손 중에 근심이 생길 것을 예시한다.

❖ **사방이 온통 물바다로 변하는 꿈**
길몽이다. 학문이나 예술 · 작품 활동 · 업적 등을 통해 명예와 부를 얻게 되거나 세상 사람들을 감동시키게 되며 그로 인해 명성을 쌓게 될 것을 예시한다.

❖ **우물물이나 수돗물을 잔뜩 마셔서 배가 부른 꿈**
회사에 취직되거나 관청에서 반갑고 속이 시원한 소식이 있다. 또는 직장에서 승진하거나 힘겨운 일을 잘 처리하여 명예를 얻게 된다.

❖ **우물물을 떠서 손발을 씻을 때 시원함을 느끼는 꿈**
그동안 자신을 괴롭히던 근심이나 걱정이 사라지고 결혼을 하게 되거나 청탁 · 입학 등에 관한 문제가 해결된다.

❖ 우물가에서 세 두레박의 물을 퍼서 그릇에 담는 꿈
 예상하지 못했던 일이 세 차례 생기고 그로 인해 돈을 벌게 된다.
❖ 우물물 등에 갑자기 몸이 얼어붙는 꿈
 사업이 순조로워 장차 크게 번성하게 되거나 신분이 귀해지고 영화로워진다.
❖ 우물물이 철철 넘쳐흐르는 것을 보는 꿈
 자손이 번성하고 사업이나 추진 중인 일·가업 등이 크게 번창하여 재산을 쌓게 될 것이다.
❖ 우물에 자신의 그림자가 선명하게 비치는 꿈
 바라던 직장에 취직하게 되거나 입학시험 등에 합격하게 된다.
❖ 우물물이 뒤집혀 밖으로 흘러나오고 그 물이 흙탕물이 되거나 탁하게 변하여 부글부글 끓는 꿈
 집안에 좋지 않은 일이 생기고 자신의 사업체나 회사 등이 어려워진다. 또한 우환이나 부정·소란스러운 일이 생기게 된다.
❖ 우물물이 넘쳐흐르기만 할 뿐 바닥에 차지 않는 꿈
 재산을 모으기는 하지만 뜻하지 않은 일이 발생하고 그만큼의 소비도 많이 하게 된다.

❖ **마당 한가운데 있는 우물물이 불어나서 집안에 가득 차는 꿈**
계획하던 사업을 시작하여 그로 인해 많은 돈을 벌게 된다.

❖ **큰 물통을 대고 수도를 틀었으나 물이 나오지 않는 꿈**
이제 막 사업을 시작한 사람이 이런 꿈을 꾸면 사업이 성공하지 못하여 돈을 한 푼도 벌지 못하게 됨을 의미한다.

❖ **산 밑에서 샘물이 솟아나는 것을 보는 꿈**
정부기관이나 큰 기업체에서 일을 맡게 되고 그 일이 성공하여 많은 재물을 얻게 되고 명예가 생긴다.

❖ **우물가나 수돗가에서 물 한 동이가 가득 들어 있는 것을 보는 꿈**
자신이 직장생활을 하며 바라고 있었던 급여액을 받게 되고, 반 동이의 물만 보게 되면 바라던 금액의 반만 받게 된다.

❖ **집이 아닌 다른 곳에서 물 한 동이 길어오는 꿈**
용기가 필요한 일이 생기게 되고, 그 일을 처리하고 난 후에는 그에 상응하는 재물이 생겨 어려움이 사라진다.

❖ 비어 있던 집안의 물탱크에 물이 가득 찬 것을 보는 꿈
예상하지 못했던 막대한 돈이 생긴다.

❖ 자기 집의 수도가 아닌 공동우물에서 물을 길어와 사용하는 꿈
사회사업이나 공공기관·개인사업 등에서 두각을 나타내어 성공하게 되고 재산을 모은다.

❖ 밑 빠진 독에 계속 물을 길어다 붓는 꿈
아무리 열심히 일을 해도 어려운 상황이 지속되고 돈을 쓸 일이 생긴다.

❖ 여러 개의 구멍이 있는 선반 위에 물이 가득 담겨 있는 그릇이 새는지 살피는 꿈
여러 개의 사업체를 운영하면서 자금 사정이 어렵게 되어 소비를 억제할 일이 생기게 된다.

❖ 자기 집 빈 독에 사람들이 이유 없이 물을 퍼다 부어주는 꿈
갑작스럽게 여러 사람들로부터 돈을 받을 일이 생겨 재산을 쌓게 된다.

❖ 물을 붓지 않는 그릇에서 물이 넘쳐흐르는 꿈
돈 쓸 일이 생기게 되고 물이 끊이지 않고 넘쳤다면 계속해서 그만큼의 지출이 따르게 된다.

❖ 목이 말라 우물을 찾아 헤매다가 우물을 발견하여 반가운 마음을 갖게 되는 꿈

오랫동안 기다려왔던 취직을 하게 되거나 사업 등을 벌이게 되고 그 일이 이루어진다.

❖ 동물이나 물고기를 잡아와 우물 속에 넣어 키우는 꿈

큰 기관이나 자신이 종사하는 회사 등에서 큰일을 맡게 되고 그 일이 성공하여 재물과 명예를 얻게 되어 세상에 이름을 날리게 될 것을 예시한다.

❖ 물을 긷고 돌아가던 중 이고 가던 물통에 물은 없고 바가지만 굴러 나오는 꿈

동업자에게 사기를 당하거나 사업에 아무 이익도 내지 못해 중도포기하게 될 것을 예시한다.

❖ 평소 아는 장소에서 우물 속에 들어가는 꿈

그동안 바라고 준비하던 회사나 공공기관에 취직이 되거나 그곳에 볼 일이 생겨 방문할 일이 생긴다.

❖ 목이 말라 우물가에 가보니 흐리던 물이 맑아져서 떠서 마시고 시원함을 느끼는 꿈

난관에 부딪혀 이루어지지 않던 어떤 일이나 소원 등이 결국에는 잘 이루어질 것을 예시한다. 결혼이나 취직이 성사된다.

❖ 맑은 물에 빨래를 해서 깨끗하게 옷을 빠는 꿈
사업이나 취직이 순조롭게 이루어진다.

❖ 흐리고 이끼가 끼어 있는 물에 빨래하는 꿈
사업이 어려운 지경에 이르게 되고 소원이나 추진하던 일이 잘 이루어지지 않는다.

❖ 사막에서 오아시스를 만나 구원받는 꿈
난관에 처해 있던 사업이나 계획하던 일이 잘 풀리게 되고, 지금까지 어려웠던 생활이 풀려 희망적인 일이 계속된다.

❖ 수돗물이 콸콸 쏟아져서 그 물을 받아야 하는데 받을 그릇이 없는 꿈
사업을 크게 벌였으나 실패하여 빚만 잔뜩 지게 되거나 벌어들이는 돈은 없이 소비만 따르게 된다.

❖ 꿈에서 뜨거운 물을 마시는 꿈
그동안 정신적·물질적으로 많은 어려움이 있던 사업이 다른 사람의 도움으로 성사된다.

❖ 물이 많이 있던 개울물이 갑자기 말라서 바닥이 보이는 꿈
사업자금이 고갈되어 사업이 어려운 상황이 놓이게 된다.

❖ **샘물이 솟아나거나 산속에서 샘물을 보는 꿈**
사업이나 추진하던 일이 크게 성공하게 되고, 문학가라면 좋은 작품으로 대중적으로도 많은 인기를 얻어 명성을 쌓게 된다.

❖ **방 안에 물이 가득 차는 꿈**
일이 잘 풀리고 그로 인해 재물을 쌓아두게 되며, 사람의 정신적인 면에 관련된 일에 종사하게 된다.

❖ **깊은 동굴 속에서 깊고 맑은 물을 발견한 꿈**
어떤 기관이나 기업체 등으로부터 재물이나 이권·권리 등을 얻게 되며 이것을 자기 혼자 독점하게 될 것이다. 혹은 단독으로 어떤 사상이나 이론 등을 발견하게 됨을 예시한다.

❖ **부엌에 물이 가득 차서 넘쳐흐르는 꿈**
집안에 경사가 생기고 큰 재물이 생긴다.

❖ **산에서 약수를 마시고 시원함을 느끼는 꿈**
그동안의 고통과 근심이 사라지고 진리를 터득하게 된다.

❖ **없었던 우물이 갑자기 집안에 생겨 어리둥절해하는 꿈**
사업체를 직접 경영하게 되거나 직장에 취직하게 되고, 혼담이 성사된다.

❖ **우물에 빠지거나 일부러 들어가 나오지 못하는 꿈**
 죄를 짓고 옥살이를 하거나 어떤 사람에게 원한을 사게 되며 모함에 빠지게 된다.

❖ **그릇에 담겨 있던 물을 자신의 실수로 인해 엎는 꿈**
 재물의 손실을 가져올 일이 생기고, 소원이 좌절되며 그동안 추진하던 계약 등이 실패하게 된다.

❖ **샘물이 솟아 산과 들을 덮는 꿈**
 작가나 학자인 경우 문학이나 학문 연구를 발표하고 명성을 얻게 되어 대성하며, 임산부라면 장차 사업가나 대문호가 될 아이를 낳게 될 것이다.

❖ **땅에서 샘물이 솟아 흘러내려 냇물이 되는 꿈**
 학자는 어떤 이론이나 사상 등에 관한 저서를 출간하게 되고, 이것이 사람들의 인기를 얻게 된다.

❖ **넓은 들판이나 자신의 집에서 샘물이 솟는 꿈**
 언론기관에 작품을 연재하게 되거나 사업자금이 생겨서 성공하게 된다.

❖ **여러 개의 우물을 지나는 꿈**
 한 직장에 적응하지 못하고 여러 직장을 전전하거나 여러 가지의 사업을 벌여서 실패하고 도움을 받고자 여러 기관에 청탁하게 되는 등 어려움을 겪게 된다.

❖ 낯선 사람을 우물에 넣고 묻어버리는 꿈
  세상에 알려져서는 안 될 비밀을 영원히 매장하여 안심하거나 장기저축을 들게 된다.
❖ 길가에서 분수가 높이 치솟는 것을 보고 깊은 인상을 받은 꿈
  사업이 성황을 이루거나 뛰어난 업적을 과시하게 되며, 광고할 일이 계속 생기게 된다.

해일 · 파도 · 홍수

❖ 산과 들에 바닷물이 덮쳤다가 빠진 흔적을 보는 꿈
  자신이 추진 중인 사회사업이 기초적인 단계에서 중지되어 절망하게 된다.
❖ 해일이 나서 들과 산을 덮는 꿈
  큰 사업을 벌이거나 사상을 정립하여 세상에 이름을 날리고 부와 명예를 갖추게 된다.
❖ 큰 홍수가 자기 앞으로 밀어닥치는 꿈
  국가나 사회적인 세력의 영향력으로 큰 재물을 모으게 되고 명예를 얻어 지위가 상승하게 된다.

❖ 바닷물이 보일 정도로 집과 바다가 가까워진 꿈
사업을 구상하거나 유학·이민갈 일 등이 생긴다.
❖ 파도에 자신이 휘감기는 꿈
세력가나 사상가·재력가 등과 인연을 맺어 큰 도움을 받게 되고 명예와 권리를 획득하게 된다.
❖ 잔잔하던 바닷물에 금방 파도가 치는 꿈
환란이나 우환이 생기게 되고 폭력배나 힘 있는 자에 의한 횡포로 고통받게 된다.
❖ 해일이 일어난 꿈
큰 권세를 행사하거나 문학 등으로 혁신적인 일을 하게 됨을 예시한다.

산·숲·동굴

❖ 높은 산에 올라가 노는 꿈
추진 중인 일이나 사업 등이 여러 사람들로부터 공감을 사지 못해 외로울 수 있다.
❖ 산 위에서 굴러 떨어지는 꿈
실직하게 되거나 사업이 실패할 수 있는 흉몽이다.

❖ 산에 불이 나는 것을 보는 꿈

불이 나는 꿈은 길몽이지만, 만약 불꽃이 없이 연기만 나는 꿈이었다면 하는 일이나 사업이 답답해지고 잘 풀리지 않게 된다. 그러나 불꽃이 활활 이는 꿈이었다면 대길몽으로, 사업 등이 크게 번창하여 많은 재물을 쌓게 될 것이다.

❖ 산에 안개나 아지랑이가 끼어 있는 꿈

추진 중인 일이나 사업 등이 잘 이루어지지 않아 답답한 상황이 전개될 것이다.

❖ 산 위에서 크게 소리 지르는 꿈

자신이 하고 있는 일이 크게 성공하여 이름을 떨치거나 사람들의 입에 오르내리게 될 것이다.

❖ 높은 산에서 걸어 내려오는 꿈

사업이나 추진 중인 일이 순조롭게 잘 진행될 것을 예시한다. 그러나 높은 지위에 있거나 신분이 고귀한 사람이 이런 꿈을 꾸게 되면 신분이 몰락하게 되거나 좌천·강등될 것을 예시한다.

❖ 숲속에서 길을 잃고 헤매는 꿈

일이나 사업에 지나치게 열중하게 되지만 일이나 사업 성과를 얻지 못한다.

❖ 숲속에서 과일이나 버섯 등을 따는 꿈
성적이나 논문·사업의 성과 등을 얻게 된다.
❖ 숲속에서 꽃을 꺾어 갖는 꿈
학교나 직장 또는 기관 등에서 명예를 드높이거나 상을 받게 된다.
❖ 숲속에서 절이나 별장 같은 것을 발견하는 꿈
학문적인 업적이나 사업의 성과를 남기게 된다.
❖ 숲속의 개울에서 물고기를 잡는 꿈
재물을 얻게 되거나 힘들게 이뤄놓은 사업의 성과를 얻게 된다.
❖ 울창한 숲속에 냇물이 흐르는 것을 보는 꿈
사업이 크게 성공하고 학문 연구가 순조롭게 진행되며 작가라면 훌륭한 저작을 하기도 한다.
❖ 숲이 불타고 있는 것을 보는 꿈
사업이 크게 번성하거나 장사하는 사람은 큰돈을 벌 일이 있다.
❖ 동굴 속에서 어떤 짐승을 잡는 꿈
학생은 어려운 시험에 합격하여 진학하게 되고, 경쟁이 있는 어떤 일에 자신이 뽑히게 되거나 복권에 당첨되는 등의 일이 있음을 예시한다.

들 · 평야 · 논밭

❖ **벼가 누렇게 익은 황금 들판을 걸어가는데 난데없이 소나기가 쏟아지더니 황금빛의 찬란한 용이 하늘로 올라가는 꿈**

여성이 이런 꿈을 꾸게 되면 장차 세상을 크게 감동시킬 일을 하여 경사스러울 것이다. 만약 본인의 소원이 성취되지 않으면, 훌륭한 남편을 얻어 부귀 공명할 것을 예시하는 꿈이다.

❖ **눈앞에 넓은 들이 펼쳐져 있는 꿈**

먼 곳에서 손님이 올 것을 예시한다. 만약 그 들이 황금 들판처럼 곡식이 누렇게 익었다면 횡재를 하게 되거나 사업이 크게 번성하여 많은 재물을 쌓게 됨을 예시한다.

❖ **끝없이 펼쳐진 들판 가득히 자신이 만든 옷가지가 널려 있는 꿈**

사업이나 장사가 크게 융성해 많은 돈을 벌게 되며, 그로 인해 세상에 널리 이름을 알리게 될 것을 예시한다. 혹은 어떤 이권이나 권리 등을 획득하게 되며, 횡재를 뜻하기도 한다.

❖ **밭을 갈면서 누군가에게 일을 가르쳐주는 꿈**
먼 곳으로 여행할 일이 생긴다.
❖ **논두렁에 물고기나 뱀 등이 우글거리는 것을 보는 꿈**
집단이나 단체 등의 우두머리가 된다.
❖ **논밭을 사는 꿈**
사업장을 얻게 된다. 만약 논밭을 파는 꿈이었다면 사업이나 권리를 잃거나 상대방에게 사업자금을 대줄 일이 생긴다.

땅 · 흙 · 바위 · 돌

❖ **흙을 만지작거리는 꿈**
어떤 일을 망설이고 있다면 그만두는 것이 좋다. 또는 망신을 당하거나 수치스러운 일을 당하기도 한다.
❖ **땅에 누워 있는 꿈**
신변에 고민이나 근심이 생기게 된다.
❖ **땅 속에 자신의 몸이 묻혀 있는 꿈**
사업이나 추진 중인 일이 번성하고 어떤 일을 하든 재수가 좋아 일이 잘 풀릴 것이다.

❖ 땅에서 기름이 솟아 흐르는 꿈
삶의 진리와 사상을 전파할 일에 종사하게 된다.

❖ 바위를 옮기려는데 무거워서 옮기지 못하는 꿈
지금 하고 있는 사업이나 업무가 자신의 힘에 부치는 일이니 누군가의 도움을 받아야 함을 나타낸다.

❖ 바위 위에 누워 있는 꿈
어떤 일이 튼튼한 기반 위에 서 있기 때문에 잘 풀리며 좋은 일이 생길 길몽이다.

❖ 돌을 안거나 짊어지고 자기 집으로 들어오는 꿈
재물이나 이권ㆍ권리ㆍ명예ㆍ보물 등을 얻게 된다.

❖ 쌓아놓은 돌무더기가 허물어지는 꿈
계획 중인 일이나 추진하고 있는 일이 중도에 실패하거나 포기하게 될 것을 예시한다.

❖ 돌을 집으로 가져온 꿈
태몽으로 태아가 장차 학문 연구에 종사하거나 튼튼한 사람이 됨을 예시한다.

❖ 예쁜 조약돌을 강변에서 주운 꿈
직장에서 승진하여 관리자가 되거나 학문적인 성과를 얻어 명성을 떨치게 된다.

해 · 달 · 별

❖ **해를 손으로 따서 갖는 꿈**
크게는 국가 권세나 작게는 사회적인 기업체를 운영할 권리가 부여됨을 예시한다.

❖ **해가 용마루에 떨어져 구르는 것을 본 꿈**
위대한 작품이나 연구 성과 등으로 세상에 과시할 사람이 됨을 예시한다.

❖ **해를 치마폭에 받는 꿈**
태몽으로 태아가 장차 국가나 사회적인 권세를 얻게 되거나 사업이 크게 성공하고 학문적·종교적인 성과를 얻게 됨을 예시한다.

❖ **해를 삼켜버린 꿈**
권세나 명예·업적 중 그 어떤 것을 소유하게 됨을 예시한다.

❖ **지평선 너머에서 해와 달이 떠오르는 것을 보는 꿈**
외국 유학 혹은 장기 외국 출장을 떠나거나 외국에서 성공하게 됨을 예시한다.

❖ **해가 둥글지 않고 일그러져 있는 것을 보는 꿈**
추진하고 있거나 현재 하고 있는 일에 발전이 없다.

❖ 햇빛이 자신의 눈앞에서 찬란하게 빛나는 꿈

소원을 성취하게 되거나 높은 지위에 올라 신분·명예 등이 상승하게 될 것이다. 미혼 여성이 이런 꿈을 꾸게 되면 장차 크게 성공할 남편감을 만나게 된다.

❖ 해가 눈 깜짝할 사이에 중천까지 떠오른 것을 본 꿈

부모 자식 간에 이별하지만 자식이 성공한 다음에 다시 만나게 된다.

❖ 산이 햇빛을 가리고 있는 꿈

누군가의 모함을 받게 되거나 부하직원·아랫사람·후배 등에게 속임을 당하게 되는 불길한 꿈이다.

❖ 해가 하늘 한복판에 떠 있는 것을 보는 꿈

지금까지의 걱정이 사라지고 만사형통할 길몽이다. 아팠던 사람이라면 병이 깨끗이 낫게 될 것이다.

❖ 비가 그치고 해가 빛나는 꿈

모든 일이 잘 풀릴 것을 예시하는 길몽이다. 어떤 일에 새로운 활력이 생기고, 직장인이라면 상사의 인정을 받아 승진하거나 좋은 자리로 영전하게 된다.

❖ 자신이 해를 단숨에 꿀꺽 삼켜버린 꿈

어떤 기관이나 단체에서 우두머리의 자리에 앉게 될 것을 예시한다.

❖ 해나 달이 하나로 결합되는 꿈
　사업상 합병할 일이 생기거나 단체 등이 연합하게 된다. 또는 혼사가 성립되기도 한다.

❖ 해를 받아서 방으로 들어가는 꿈
　현재로서는 어렵더라도 희망을 잃지 말아야 한다. 말년에 가서야 성공할 것을 예시한다.

❖ 자신이 활을 쏘아 해를 맞추어 떨어뜨리는 꿈
　사업이나 추진하던 일, 원하는 소원이 이루어진다.

❖ 달을 쳐다보거나 품에 안는 꿈
　미혼 남녀가 이런 꿈을 꾸면 결혼하게 되고, 기혼 남녀는 아기를 갖게 된다.

❖ 달빛이 창문으로 들어와 대낮같이 밝은 것을 보는 꿈
　집안에 경사가 생기거나 반가운 소식이 온다. 또한 그동안의 심적 고통이 사라진다.

❖ 달무리가 오색찬란한 것을 보는 꿈
　결혼생활이 순조롭고 영광스런 일이 생길 것이다.

❖ 달빛이 세상을 환히 비추는 꿈
　취업 또는 승진의 기쁨을 누리게 될 것이다. 수험생들은 시험에 합격하게 되고 사업가는 사업이 번창하게 되는 길몽이다.

❖ **자신이 달을 향해 절하는 꿈**
  높은 신분의 사람이나 윗사람 등에게 자신의 뜻이 관철되어 어떤 일을 추진하게 될 것이다.

❖ **달이 구름을 벗어나는 것을 보는 꿈**
  지금까지의 근심과 걱정이 사라지고 기쁜 일이 생길 것이다.

❖ **초승달이 점점 둥글어지는 꿈**
  사업·예술·추진 중인 일 등이 점차 크게 발전하게 될 것을 예시한다. 또한 직장인은 단계를 밟아 순조롭게 승진하게 되며, 학생은 점차 성적이 올라간다.

❖ **호수나 강 한가운데 달이 비치는 꿈**
  혼담·계약·상담 등이 깨져 근심이 생기게 될 것을 예시한다.

❖ **달빛이 자신의 집을 비추는 꿈**
  사업이나 추진 중인 일이 크게 번성할 길몽이다. 혹은 기다리던 사람에게서 좋은 소식을 듣게 된다.

❖ **달나라라고 생각되는 곳을 자신이 거니는 꿈**
  소원·추진 중인 일·사업 등이 성취될 것이다. 그러나 이와 달리 별로 좋지 않은 꿈으로 해석되기도 하는데, 주색에 빠질 수 있으므로 조심해야 한다.

❖ 달이 공중에서 빛나는 것을 보는 꿈
태몽으로 태아가 장차 권력자·사업가·인기인·유명인 등 계몽적인 사업에 종사하거나 지도자가 될 것을 예시한 것이다.

❖ 하늘에 샛별이 반짝이는 꿈
예술가나 연예인 등은 크게 이름을 떨칠 길몽이며, 일반인들도 소원을 성취할 좋은 꿈이다. 혹은 자신의 작품이나 아이디어 등이 사회적으로 크게 인정받게 된다.

❖ 별무리가 줄지어 있는 것을 보는 꿈
연예인이나 예술가라면 자신을 좋아하는 팬들이 많이 생기게 되며, 자신의 추종자나 부하들이 늘어날 것이다. 일반인이라면 점차 재물이 쌓이게 된다.

❖ 유성처럼 별이 날아다니는 것을 보는 꿈
자신의 배우자가 다른 이성과 깊이 사귀어 가정을 소홀히 하고 있음을 나타낸다.

❖ 별이 방향을 옮겨가는 것을 보는 꿈
사업장을 옮기거나 이사할 일이 생긴다.

❖ 고정되어 있던 별 몇 개가 갑자기 날아다니는 꿈
배우자나 애인이 바람피울 일이 생긴다.

❖ **별이 땅에 떨어지는 꿈**
일반적으로 하늘에 있는 별이 땅에 떨어지는 것은 권력자나 세력가 등 유명인의 사망이나 몰락·하야 등을 예시한다.

❖ **밤하늘에 많은 별이 요란하게 빛나는 꿈**
하는 일마다 만사형통하여 사람들로부터 인정을 받게 된다.

❖ **별이 떨어지면서 사방으로 흩어지는 꿈**
매우 불길한 꿈으로 유명인이나 큰 인물이 사망하거나 튼튼하던 사업이 한순간에 무너지게 된다.

❖ **북두칠성이 자신의 집안으로 들어오는 꿈**
큰 횡재수가 있거나 관청·국가기관 등에서 고위직에 오르게 된다. 만약 북두칠성이 자리를 바꾸는 꿈이었다면 시국이나 사회에 변화가 생긴다. 한 번쯤 복권을 사봄 직하다.

❖ **별이 커지는 꿈**
작게 시작한 사업이나 일이 점점 크게 번성해진다.

❖ **별이 길게 흐르는 것을 보는 꿈**
관직·신분·명예 등이 새로워지거나 이사할 일 등이 생긴다.

은하수 · 무지개

❖ **은하수나 무지개를 건너는 꿈**
지금까지의 어려운 고비를 다 넘기고 이제부터 뜻하는 바를 이루게 될 것을 예시한다.

❖ **무지갯빛이 환하게 밝아 자신의 앞을 밝혀주는 꿈**
귀인이 나타나 자신의 일을 도와주거나 방향을 잡아주게 된다.

❖ **무지개의 중간이 끊어지거나 희미해지는 꿈**
혼담 · 계약 등이 깨지거나 문제가 생기게 된다.

❖ **쌍무지개를 보는 꿈**
태몽으로 쌍둥이를 낳게 된다. 일반 꿈이라면 두 가지 일에 개입하거나 두 가지 사업을 벌이게 된다.

❖ **무지개가 자기 집 우물에 걸리는 꿈**
집안에 이름을 떨칠 자손이 태어나거나 혼담이 성사되는 등 좋은 소식이 있을 것이다.

❖ **비가 온 뒤 오색찬란한 무지개가 시야 가득히 좌우로 걸쳐 있는 것을 보는 꿈**
학문이나 예술 · 사업 등에 있어 수련기를 거쳐 본격적인 입문을 하게 되고 결국은 성공하게 된다.

천둥 · 번개 · 지진 · 벼락

❖ **공중에서 우렛소리가 크게 들리는 꿈**
 어떤 사건이 생기거나 큰 업적을 성취하여 세상 사람들의 이목을 크게 집중시키게 된다.

❖ **번갯불이 자신의 방 안을 비추는 꿈**
 운수 대통할 꿈으로 기쁜 소식을 듣게 되거나 귀인이 나타나 자신의 앞길을 밝혀주게 된다.

❖ **자신이 벼락을 맞는 꿈**
 현실에서는 좋지 않은 일이지만 꿈이라면 횡재를 하거나 크게 성공할 길몽이다.

❖ **벼락이 자기 집으로 떨어지는 꿈**
 집안에 흉사가 생길 수 있으니 조심해야 한다.

❖ **지진이 일어나는 것을 보는 꿈**
 이사를 하게 되거나 직장을 옮기며, 사업가는 업종을 변경해야 할 일이 생기게 된다. 이러한 꿈은 현재의 환경이나 상태를 바꿀 일이 생기게 됨을 예시한다.

❖ **사방에서 천둥소리가 들려오는 꿈**
 사업이 크게 번성하거나 어떤 일로 인해 명성을 떨치게 된다.

❖ **번개가 자기 집 창문이나 방 안·자신의 몸 등에 비치는 꿈**
장차 부와 권력을 함께 지니게 되며, 운세가 호전되어 기쁜 소식을 듣게 된다.

❖ **자신에게 벼락이 떨어져 죽는 꿈**
최대의 길몽으로, 국가나 사회적인 어떤 보상이나 명예 등을 얻게 되거나 복권 당첨 등의 일로 현실화되는 경우도 있다.

❖ **나무가 벼락을 맞아 꺾이는 것을 보는 꿈**
사업 기반이 흔들리거나 망하게 되며, 사회적인 기관이나 단체 등이 몰락하게 된다.

구름·서리·눈·비

❖ **사방에서 흰 구름이 뭉게뭉게 피어오르는 것을 보는 꿈**
계약이나 상담 등이 잘 이루어지며, 장사나 사업을 하는 사람이라면 거래·매매·흥정 등이 매우 잘 이루어지게 된다. 또한 대인관계에 있어서도 좋은 일이 생길 수 있다.

❖ **구름이나 안개가 자신을 감싸는 꿈**

누군가 자신의 약점이나 계획·비밀 등을 감싸주어 추진하는 일이나 사업 등이 순조롭게 진행될 것이다.

❖ **검은 구름을 보는 꿈**

사업이나 추진 중인 일 등이 답답하게 잘 풀리지 않거나 우환이나 고난 등을 겪게 될 것이다.

❖ **구름이 보라색으로 뭉게뭉게 피어오르는 것을 보는 꿈**

입학시험·고시·취직시험 등에 합격하거나 선거에 출마한 사람은 당선되며 사업가는 사업이 크게 번성하고 직장인은 승진하게 될 길몽이다.

❖ **구름이 활짝 걷히고 맑은 하늘이 보이는 꿈**

앞으로 행복한 일이 생기거나 운세가 좋아질 것을 예시한다.

❖ **검은 구름이 자기 집 지붕 위를 덮는 꿈**

집에 우환이 생길 것을 예시한다. 만약 검은 구름이 공공기관의 건물을 덮으면 국가적으로 또는 사회적으로 불길한 사건이 생긴다.

❖ **자신이 구름을 타고 다니는 꿈**

기관이나 단체를 지휘하는 신분이 되거나 사업·운세가 대길하다.

❖ **구름을 보고 있는데 그 구름이 황금색으로 변하는 꿈**
영광과 부귀한 일이 생긴다.

❖ **서리가 내려 주위가 하얗게 뒤덮이는 꿈**
사업이 크게 어려워져 더 이상 버틸 수 없게 되거나 질병에 걸릴 염려가 있다.

❖ **눈을 맞는 꿈**
사업이나 추진 중인 일이 순조롭게 진행될 것이다.

❖ **눈이 자기 집 뜰이나 마당에 하얗게 쌓여 있는 것을 보는 꿈**
가족 중에 누군가 사망할 흉몽이기도 하며, 또 반대로 뜻하지 않은 재물을 얻게 될 좋은 꿈이기도 하다.

❖ **눈이 쌓이는 것을 쓸어버리는 꿈**
자신에게 다가온 좋은 기회를 놓쳐버리게 된다.

❖ **싸락눈이 내리는 것을 보는 꿈**
추진 중인 일이 노력의 보람도 없이 허무하게 끝나게 된다. 혹은 어떤 소문에 휩싸이거나 시끄러운 일이 생기게 된다.

❖ **길을 걷다가 비를 맞는 꿈**
뜻하지 않게 누군가로부터 돈을 얻게 되거나 음식물을 대접받을 일이 생긴다.

❖ 소나기가 온몸을 흠뻑 적시는 꿈
 누군가로부터 큰 도움을 받게 되거나 큰 은혜를 받게 된다.

❖ 촉촉이 내리는 비를 맞는 꿈
 누군가로부터 자애로운 사랑이나 은혜를 받게 된다.

❖ 비가 창문으로 들이치는 것을 보는 꿈
 사업이나 추진 중인 일·연구·작품 등이 좋은 평가를 받게 되어 명예를 얻게 된다.

❖ 자신이 쓰고 가는 우산 속으로 누군가 뛰어드는 꿈
 자신의 권리나 이권·명예·재물 등의 일부를 다른 사람에게 빼앗기거나 나누어 갖게 될 일이 생길 것이다.

❖ 비가 와서 홍수가 나는 꿈
 구설수에 오르게 되거나 일이 뜻대로 되지 않을 재수 없는 꿈이다.

❖ 비 오는 날 버섯이 뭉게뭉게 자라나는 꿈
 사회적으로 혹은 주위 환경의 도움으로 사업이나 추진하던 일, 학문 등이 성장하여 재물을 쌓게 되는 것을 예시한다. 혹은 횡재수를 의미하기도 한다.

바람

❖ **폭풍이 불어 나무가 심하게 흔들리는 꿈**
  직장에서 실직의 위기에 몰리거나 자신의 지위·신분이 몹시 불안한 상태를 나타낸다. 사업가라면 사업이 불안한 상태이다.

❖ **홀연히 바람이 일어 자신에게 불어오는 꿈**
  경고장·독촉장·출석요구서 등을 받게 되거나 관청이나 어떤 기관으로부터 문책받을 일이 생기니 조심해야 한다.

❖ **바람의 힘을 빌려 자신이 훨훨 날아다니는 꿈**
  협조자나 협조 기관·귀인의 도움을 받아 소원을 이루게 될 길몽이다. 또는 세상에 과시할 일이 생기거나 질병이 낫게 된다.

❖ **자신이 바람을 일으켜 주변의 물건이 날아가 버리는 꿈**
  자신의 권세 또는 세력이 강해지거나 운세가 대길해져 크게 성공함을 예시한다.

❖ **자기 집이 바람에 날려 공중에 뜨는 꿈**
  사업 기반을 잃게 되거나 실직하게 되며, 자신의 직위를 상실하게 된다.

❖ **태풍이 불어 집이나 나무 등이 쓰러지는 꿈**
  자신의 권세나 능력·세력 등을 과시할 일이 생기거나 아니면 고통스러운 일이 생길 것을 예시한다.

❖ **자신이 하늘로 올라가는 꿈**
  소원·계획하던 일 등이 이루어지며, 승진이나 영전을 하여 신분이 상승하게 될 것이다.

❖ **하늘이 어두워 보이는 꿈**
  어떤 일에 있어 현재의 답답한 상태가 한동안 이어지게 될 것이다. 혹은 걱정거리가 생기게 된다.

❖ **자신이 하늘에 올라가 어떤 물건을 얻는 꿈**
  취직이 되거나 시험에 합격할 것이다. 미혼인 경우에는 훌륭한 배우자를 만나게 된다.

❖ **하늘과 땅이 합쳐지는 꿈**
  대길몽으로 야심가는 권력의 최고 권좌에 앉게 되거나 사업가는 크게 성공하여 세상에 이름을 떨치며 고시 등에 합격한다.

❖ 하늘이 무너지거나 두 갈래로 갈라져서 깜짝 놀란 꿈
부모가 병으로 고생하거나 부모상을 당하기가 쉽다. 또한 자신의 협력자나 은인 등과 헤어지게 된다.
❖ 하늘이 열리는 꿈
구설수에 오르내리게 되거나 사업 등 하는 일이 잘 안 된다.
❖ 자신이 하늘에 올랐다가 갑자기 내려오는 꿈
흉몽으로 불시에 재난을 당하게 될 것을 암시한다.
❖ 자신의 어깨에 날개가 돋아 하늘을 날아다니는 꿈
고시 등의 시험에 합격하여 출세하게 된다.

불

❖ 자신의 집에 불이 나서 활활 타는 꿈
추진하던 일이나 사업 등이 크게 융성하여 큰돈을 벌게 된다.
❖ 야광탄을 발사해서 화재가 일어나는 꿈
행사나 이벤트 등으로 사업이나 일이 크게 융성하여 수많은 사람들의 관심과 이목을 받게 된다.

제2장 자연·자연현상에 관한 꿈

❖ **자기 집에 화재가 나서 자신이 불타서 죽는 꿈**

길몽이다. 추진하던 일이나 사업이 성공하여 자신이 새롭게 태어날 것을 예시한다.

❖ **자신이 불을 잡아타고 가는 꿈**

높은 관직에 오르거나 지위·신분·명예 등이 크게 오르게 된다.

❖ **자기 집에 불이 났는데 결국 재만 남아 있어 가슴 아파하는 꿈**

집이나 부동산을 담보로 사업이나 장사를 하게 되면 망신수가 따르게 되며, 빚만 쌓이게 될 것을 예시한다. 뒤늦게 후회할 일이 생길 수 있다.

❖ **타오르는 불길을 자신이 끄는 꿈**

번창하던 사업에 갑자기 어려움이 닥치게 되고, 작품이나 논문 등의 발표 일정이 중지되는 등의 일이 생긴다.

❖ **자신이 아는 어떤 사람이 온몸에 불이 붙어 타는 것을 보는 꿈**

사업이나 추진 중인 일이 번성하여 크게 돈을 벌게 되거나, 자신이 하는 일이 세상에 알려지면서 유명세와 더불어 큰돈을 벌게 된다.

❖ 자기 집 아궁이에 불을 때는 꿈
계획하던 일이나 사업을 시작하게 된다. 만약 아궁이에 불이 잘 지펴졌다면 시작하는 사업이나 일이 순조롭게 진행됨을 나타내는 것이다.

❖ 자기 몸에 불이 붙었으나 뜨거움을 느끼지 못하는 꿈
사업이나 일·작품 등이 세상에 알려지게 되고 이로 인해 많은 돈을 벌게 되며 신분이 새로워진다.

❖ 누군가의 발에 붙은 불이 자기 집으로 옮겨 붙어 활활 타는 꿈
꿈속의 그 사람으로 상징되는 사람, 혹은 그 상대방의 권리나 이권 등이 이전되거나 재산이나 유산을 받게 되어 부자가 된다.

❖ 자신과 가까운 곳에 불이 나서 물을 끼얹어 불을 끄는 꿈
물을 끼얹은 횟수만큼 돈을 쓸 일이 생기거나 많은 지출이 따르게 되어 가산을 탕진하게 된다.

❖ 숲이나 낮은 언덕이 불타는 것을 바라보고 있는 꿈
그동안 어려웠던 사업이나 추진하던 일이 번창하게 되거나 어떤 일이 크게 이루어져서 많은 재물을 쌓게 된다.

❖ **자기 방 벽 틈으로 연기가 새어나오는 꿈**
 불쾌한 일을 겪게 되거나 현재 자신이 사회적으로 좋지 않은 일에 손대고 있음을 나타낸다.

❖ **건물에서 폭탄이 터져 폭음과 함께 불길에 휩싸이는 꿈**
 지금까지의 어떤 고민거리나 정신적인 고통이 해소되고, 사업이나 추진하는 일이 크게 성공하여 많은 재물을 쌓게 된다.

❖ **화롯불이 꺼져 추위를 느끼는 꿈**
 추진하던 일이 좌절되거나 희망을 잃게 된다.

❖ **방 안에 촛불이 환하게 켜져 있는 것을 보는 꿈**
 사업이나 추진하던 일 등이 만족스럽게 이루어지거나 지금까지 자신을 괴롭혀 왔던 근심이나 고민 등이 해소된다.

❖ **양초가 활활 타는 꿈**
 생각지도 않았던 후원자의 도움으로 지위가 상승하게 될 것을 예시한다.

❖ **양초의 불빛이 약해 금방 꺼질 것 같아 마음이 조마조마한 꿈**
 덮어놓았던 과거의 실수로 인해 앞으로 나아가지 못하고 좌절하게 될 것을 예시한다.

❖ **지붕을 수리하다 화재가 나서 걷잡지 못하는 꿈**
  자신이 대표로 있거나 고위간부층에 있는 사업이 크게 융성하거나 횡재할 꿈이다. 또한 지금 당장은 아니더라도 승진이나 취직·부동산 매입 등의 좋은 일이 반드시 일어날 것을 예시한다.

❖ **하늘에서 불덩이가 떨어지는 것을 보는 꿈**
  어떤 혁신적인 일이 생겨서 삶의 방향이나 사업·추진 중인 일의 방향을 바꾸게 될 것이다.

❖ **임산부가 구름 속에서 떨어진 불덩이를 본 꿈**
  태몽으로 태어날 아이는 장차 고급관리가 되어 혁신적인 정책을 내세우게 되며, 그로 인해 이름을 세상에 알리게 되어 부와 명예를 함께 지니게 된다.

❖ **풀밭 등에 불이 붙어서 번지는 것을 보고 있는 꿈**
  꿈과는 다르게 자신이 원하는 일이나 소원이 이루어지고, 돈과 명예를 얻게 될 좋은 꿈이다.

❖ **자기 집 마당에서 갑자기 불길이 솟아오르는 꿈**
  집안에 좋은 일이 생기거나 사업상으로 한 번쯤은 신문에 광고할 일이 생긴다. 그러나 흙 속에서 솟아오른 불이 잘 타지 않으면 하는 일이 잘 추진되지 않게 된다.

❖ **아궁이의 불이 밖으로 새어 나오거나 연기만 나오는 꿈**
자신에게 도움을 줄 협조 기관이나 협조자에게 청탁할 일이 성사되지 않고 소문만 나서 어려움에 처하게 되니 조심해야 한다.

❖ **오래 사용하지 않던 방바닥이 따뜻하다고 느끼는 꿈**
어려운 상황에서 자신을 도와줄 사람을 만나 사업이 번성하게 되고 유복해진다.

❖ **높은 산 일대가 불타는 것을 보는 꿈**
국가적·사회적으로 경사가 생기거나, 이와 반대로 큰 환난이 생기게 된다. 실제로 큰 건물이나 공공기관 등에 불이 나기도 한다.

❖ **자신의 눈앞에서 전선이 합선되어 불이 번쩍이는 꿈**
추진하던 일이 어느 기관 또는 회사에서 전격적으로 받아들여져 인정받게 된다.

❖ **전선이 합선되어 폭음과 함께 공중에 큰불이 나는 꿈**
하고 있는 일이나 계획하던 일이 사회적으로 크게 성공하게 되고 세상을 감동시킬 만할 일을 하게 된다.

❖ **불이 났는데 방 안에 연기가 스며드는 꿈**
전염병에 감염되거나 다른 사람으로부터 누명이나 괜한 오해를 받을 일이 생겨 고통받게 된다.

❖ 그릇에 담긴 물이나 오줌·강물·호수 등에 불이 붙는 꿈
자신이 근무하고 있는 기관이나 회사 등에서 정신적으로 도움을 받게 된다. 사업가라면 사업이 크게 이루어져서 많은 돈을 벌게 되고 지위도 상승된다.

❖ 집에 불이 났는데 검은 연기만 피어오르는 꿈
집안에 불화가 생기거나 자신이 근무하고 있는 직장에 불길한 일이 생긴다.

❖ 화재가 났는데 불을 끄지 않고 도망치는 꿈
집안이나 직장에서 불길한 일이 생겨서 그 일로 인하여 정신적 고통을 받게 된다.

❖ 타오르는 불길을 끄지 못해 발을 동동 구르는 꿈
집안에 좋지 않은 일이 생기거나 자신이 계획하던 일 또는 사업이 경영난이나 재정난을 겪게 되는 등의 좋지 않은 일이 생긴다.

❖ 건물에 폭탄이 터져 폭음과 함께 큰불이 나는 것을 보는 꿈
정신적인 고통이 해소되고 추진하던 일이나 사업이 크게 성공하여 재물을 얻게 된다.

무덤

❖ **꽃이 만발한 가운데 무덤이 있는 꿈**
중년 이후에 이르러 크게 성공하고 사회적인 업적을 남기며 큰 기관을 소유하여 명성과 부귀를 과시할 것이다.

❖ **무덤 앞에 서 있는 망부석을 보는 꿈**
사업상 중개인을 거쳐야 일이 이루어질 것을 예시한다.

❖ **오래된 무덤 옆에 집터를 마련하는 꿈**
전통 있는 회사나 역사가 오랜 회사로 직장을 옮기게 되거나 현실에서도 오래된 집으로 이사할 일이 생긴다.

❖ **누군가의 시체를 가매장하는 꿈**
어떤 위험한 사건이 생겨 그 일을 감추거나 다른 사람들로부터의 위험을 피해 재물을 감출 일이 생기게 된다.

❖ **공동묘지에서 자기 조상의 무덤을 찾지 못하는 꿈**
어려운 시련이 닥치고 자기를 도와줄 어떤 배경도 없어서 더욱 큰 시련을 겪게 된다.

❖ **공동묘지 가운데 자기가 찾는 무덤이 가장 돋보이는 꿈**
　동료들이나 경쟁 상대들 중에서 자신의 능력이나 어떤 배경이 가장 강하다는 것을 의미한다. 즉, 당당한 세력을 얻게 되어 사업을 하는데 망설일 것이 없게 된다.

❖ **무덤 옆에 상여나 정자가 있는 것을 보는 꿈**
　자신의 집안이나 가까운 사람에게 큰 인물이 태어나서 명예와 영광을 세상에 과시하게 된다.

❖ **길을 가는데 묘지가 높이 솟아 있는 것을 보는 꿈**
　고급 관리나 거대한 사업가 등과 상대할 일이 생기고, 직장인이라면 승진 또는 성공하여 직위가 높아지거나 권세가 생긴다.

❖ **무덤에 햇빛이 비치는 것을 보는 꿈**
　하고 있는 사업보다 더 큰 사업을 시작하게 되거나 확장을 하고 직장인이라면 승진을 하게 된다. 또는 배우자와 헤어진 사람이라면 재혼할 일이 생길 수도 있다.

❖ **큰 무덤 앞에 낭떠러지가 있는 것을 보는 꿈**
　협조자나 협조 기관의 운세가 오래가지 못하고 어려운 상황에 놓이게 되니 줄을 잘 서야 한다.

❖ **조상의 무덤 위에 큰 나무나 꽃이 만발해 있는 꿈**
 길몽이다. 직장인이라면 사장이 되거나 승진하는 등 명예로운 일이 생기고 집안에 경사스런 일이 생기며 집안이 번창한다.

❖ **무덤에 불이 나서 활활 타는 꿈**
 어렵게 진행되던 사업이 순조로워져 크게 번성한다. 이로 인해 물질적으로도 여유로운 생활을 하게 될 것을 예시한다.

❖ **산소에 불이 붙어 주위로 크게 번지는 꿈**
 자신의 일이 계속 매스컴에 발표되어 유명인이 되거나 사업이 잘 진전된다.

❖ **멀쩡하던 무덤이 갈라지는 것을 보는 꿈**
 시험에 합격하여 입학하거나 원하는 직장에 취직하게 된다. 또는 범죄수사에 단서를 잡게 되어 주위의 칭찬을 듣게 된다.

❖ **깊은 산속에서 헤매다가 무덤을 발견하는 꿈**
 위대한 학자를 만나 정신적으로 감화를 받거나 도움을 줄 지도자나 협조자를 만나게 된다.

❖ **무덤에서 갑자기 손이 툭 튀어나오는 꿈**
 채권자의 빚 독촉으로 고통받게 된다.

- ❖ **국립묘지나 왕릉을 찾아 경건한 마음으로 참배하는 꿈**
  사업상 어려움에 처해 있던 일이 고위층에 있는 권력자의 도움으로 잘 풀리게 된다.
- ❖ **어떤 무덤 옆에서 노는 꿈**
  자신이 바라는 곳에 취직되거나 계획하고 추진 중인 사업을 벌이게 된다.
- ❖ **능이 파헤쳐지는 것을 보는 꿈**
  새로운 직장을 구하거나 전업을 하게 되고 오랜 기간 연구하던 학문적인 성과를 얻게 된다.
- ❖ **자신의 눈으로 무덤을 파고 관을 묻는 것을 보는 꿈**
  값진 물품 등을 남몰래 챙길 일이 생길 수 있다. 또는 집을 새로 사들이는 일과 관계하게 된다.
- ❖ **산을 돌아다니면서 명당자리를 선정하게 되는 꿈**
  세력 기반을 형성하고 집터 등을 마련하게 되며 횡재할 기회가 생긴다. 또는 실제로 묘지를 마련할 일이 생길 수 있다.
- ❖ **무덤을 파헤쳐 보니 금은보화가 쏟아져 나오는 꿈**
  정신적으로 도움을 받거나 물질적인 유산을 상속받게 되고 학문을 하는 사람이라면 연구 실적을 얻어 신분이 상승된다.

❖ 무덤이 금잔디로 잘 다듬어져 있는 꿈
 어떤 협조 기관이나 협조자의 도움으로 신분이 오르고 명예로워진다.

제3장

신체에 관한 꿈

얼굴

❖ **자신의 얼굴에 붉은 반점이나 종기가 나는 꿈**
사업이나 추진하던 일이 다른 사람의 입에 오르내리게 된다.

❖ **자신의 얼굴 전체를 붕대로 감은 것을 보는 꿈**
누군가에게 사기를 당하거나 교통사고 등의 화를 당하게 되니 각별히 주의해야 한다.

❖ **거울에 비친 자신의 얼굴이나 상대방의 얼굴이 검게 보이는 꿈**
자신이 평소 탐탁지 않게 생각하던 사람이나 미워하는 사람과 어떤 일에 있어 관련하게 된다.

❖ **얼굴이 검은 어린아이를 데리고 다니는 꿈**
부담스럽거나 골치 아픈 일을 맡게 될 것을 예시한다.

❖ **얼굴이 거울에 맑게 비치는 꿈**
생각지도 않았던 반가운 사람을 만나게 되거나 그의 소식을 들을 일이 생긴다.

❖ **깨끗하게 세수를 한 꿈**
직장인이라면 기다리던 승진 소식을 듣게 되거나 그동안의 근심이 말끔히 씻겨나간다.

❖ **얼굴에 복면한 사람을 만나는 꿈**

낯선 사람으로부터 폭언을 듣게 되거나 폭행당할 것을 예시하므로 주의해야 한다.

❖ **얼굴의 이마가 유난히 커 보이는 꿈**

사업이나 일이 순탄하게 운영되며, 장차 큰 부귀를 얻게 된다.

❖ **얼굴에 수염이 길게 자란 꿈**

명예와 권세를 얻게 될 길몽이다.

❖ **언니나 형의 얼굴에 흉터가 많이 나 있어 걱정하는 꿈**

언니나 형의 신상에 좋지 않은 일이 생기거나 질병에 걸릴 수 있으니 주의해야 한다.

❖ **자신의 안색이 파랗게 변하는 꿈**

질병에 걸리거나 자신의 신상에 충격적인 사건이 일어나게 될 것이다.

❖ **애인이나 남편의 얼굴이 검게 보이는 꿈**

애인이나 남편으로부터 배반을 당하거나 속상한 일이 생길 것을 예시한다.

눈 · 눈썹

❖ **눈이 침침하여 먼 곳이 잘 보이지 않는 꿈**
사업이나 추진하던 일 등에 있어 그 전망이 불투명한 것을 나타낸다.

❖ **자신의 눈이 유난히 반짝이는 꿈**
사업이나 추진 중인 일이 성공을 거두게 된다. 또한 매사에 올바른 판단을 내려 이득을 얻게 될 것이다.

❖ **자신이 장님이 되는 꿈**
질병에 걸리거나 사랑에 빠지게 될 것을 예시하는 꿈이다. 혹은 어떤 일에 몰두하게 될 것을 예시한다.

❖ **눈썹이 모두 빠져 있는 꿈**
형제나 자매와 이별하게 되거나 자신이 질병에 걸리게 된다.

❖ **눈썹 가운데 흰 눈썹이 두드러져 보이는 꿈**
자신이 여러 사람들의 추대를 받아 우두머리가 되어 많은 사람들에게 이름을 떨치게 될 것을 예시한다.

❖ **눈썹이 길게 자라나 보이는 꿈**
남성이 이런 꿈을 꾸었다면 여성으로 인해 부귀를 누리게 될 것을 예시한다.

코 · 코피

❖ **자신의 코에 상처가 난 꿈**
시비에 휘말리게 되거나 모략에 빠질 수 있다.

❖ **자신의 코가 없어져버린 꿈**
명예를 잃을 일이 생긴다.

❖ **코가 근질근질해지면서 재채기하는 꿈**
행운 또는 좋은 일이 일어날 재수 좋은 꿈이다.

❖ **코가 높아 보이는 꿈**
구설수에 휘말리게 되거나 다른 사람의 미움을 살 일이 생긴다.

❖ **자신이 코를 자주 푸는 꿈**
다른 사람에게 자신의 비밀을 털어놓거나 자신의 지식이나 주장 등을 다른 사람에게 피력할 일이 생긴다.

❖ **몸이 아파 쉬고 있는데 코피가 나는 꿈**
사업이나 추진 중인 일에 투자가 과다하면 낭패를 볼 수 있으니 신중을 기해야 하며 궤도 수정이 필요한 때이다. 또한 연인과의 사이에 불화가 생길 수 있으니 조심해야 한다.

입·이·혀·귀

❖ 입에 머리카락이 꽉 차 있는 꿈
  가족이 질병에 걸려 오랫동안 걱정하게 될 것이다.
❖ 입 안에 털이 자라 있는 꿈
  취직을 하게 되거나 승진하게 된다. 또는 사업이나 추진하던 일이 성공하여 재물을 쌓게 된다.
❖ 입에서 벌레가 기어나오는 꿈
  오랫동안 골치를 썩이던 일이 풀려 행복해지며, 지금까지의 불운이나 재난 등이 사라진다.
❖ 자신의 입이 막히고 음식을 먹지 못하는 꿈
  다른 사람의 구설수에 오르게 되고, 유행성 질환이나 급병에 걸리게 되니 조심해야 한다.
❖ 자신의 입이 유난히 커 보이는 꿈
  취직 또는 승진의 기회가 온다. 또한 사업하는 사람이라면 사업이 번창하여 재산을 쌓게 될 것이다.
❖ 음식을 먹는 자신의 입이 점점 커지는 꿈
  사업이나 추진 중인 일이 의욕적으로 추진되거나 재물이 쌓이게 될 것을 예시한다. 혹은 구설수에 휘말릴 수 있으니 주의해야 한다.

❖ **입속에 뭔가를 억지로 쑤셔 넣는 꿈**

구설수나 시비에 휘말릴 수 있으므로 행동이나 말에 신중을 기해야 한다.

❖ **혀가 잘리는 꿈**

그동안의 명예나 권세·지위·재물 등을 잃게 될 것을 예시하는 흉몽이다.

❖ **혀가 자신의 손바닥 위에 놓여 있는 꿈**

자신의 말로 인해 누군가 마음의 상처를 입고 있음을 나타내는 것이다.

❖ **자신의 혀가 반으로 딱 갈라지는 꿈**

직장이나 집안에서 자신이 주도권을 잃거나 권위가 추락하게 될 것을 예시하는 꿈이다.

❖ **자신의 혀로 자신의 몸을 칭칭 감는 꿈**

동업자나 주변 사람들의 속임수에 넘어가 명예를 잃게 되거나 재물의 손실을 가져올 흉몽이다. 혹은 다른 사람의 감언이설이나 흉계에 속아 넘어가게 되니 주의해야 한다.

❖ **자신의 이 한 개가 빠지는 꿈**

친척 중의 누군가와 생이별을 하거나 사별하며, 자신을 도와주던 협조자와 헤어지게 된다.

❖ **자신의 이가 흔들리는 꿈**

자신의 지위나 신원이 위태롭게 된다. 혹은 사업이나 조직 등이 튼튼하지 못하고 직장에서도 해고될지 몰라 조바심을 내는 일이 생기게 된다.

❖ **자신의 멀쩡하던 이가 부러지는 꿈**

질병에 걸리거나 추진하던 일 등이 좌절하게 되고 사업이나 일을 중도에서 포기하게 된다.

❖ **다른 사람의 이가 부러져 피가 나는 것을 보는 꿈**

누군가의 죽음이나 퇴직 · 일의 성과 등으로 인해 자신에게 이득이 생기게 된다.

❖ **빠진 이 대신 의치를 해 넣는 꿈**

의형제나 협조자 · 훌륭한 인재 등을 얻게 된다.

❖ **거울을 통해 자신의 덧니를 보는 꿈**

사업상 동업자가 생기거나 어떤 일을 공동으로 추진하게 된다. 혹은 부인이나 애인 이외의 다른 여자와 관계를 갖게 된다.

❖ **자신의 윗니가 빠지는 꿈**

윗사람 · 상사 · 친척 중의 어른이 사망할 징조이며, 아랫니가 빠졌다면 아랫사람이나 부하 등이 사망하게 된다.

❖ **덧니가 빠지는 꿈**

사위나 양자가 사망하거나 질병에 걸려 오랫동안 근심하게 된다.

❖ **이가 아파서 치과에 가는 꿈**

가족 중에 우환이 닥칠 것을 예시하는 흉몽이다. 각각의 이가 상징하는 부모·형제·자매 등이 질병에 걸리거나 우환이 생기며, 혹은 절친한 친구를 잃게 될 것이다.

❖ **이가 빠졌는데도 피가 나지 않는 꿈**

질병에 걸리거나 죽음을 예시하는 불길한 꿈이다.

❖ **자신의 이가 고르지 못하고 들쭉날쭉 나 있는 꿈**

대인관계에 따른 스트레스 또는 자신의 능력이나 성격·성장에 대한 콤플렉스를 나타내기도 한다.

❖ **자신이 틀니를 끼고 있는데 그 틀니가 부담스럽게 느껴지는 꿈**

가족이나 배우자에 대한 불만이나 적의를 나타내는 꿈이다.

❖ **이가 빠지는 꿈**

형제·자매 혹은 친척 중 누군가가 죽거나 생이별을 하며, 자신에게 충실하던 사람과 결별하게 된다.

❖ **앓던 이가 빠지는 꿈**

질환을 앓던 환자가 죽거나 근심·걱정거리가 해소된다. 혹은 속썩이던 고용인을 해고하게 된다.

❖ **이가 빠진 자리에서 피가 나는 꿈**

누군가 죽거나 퇴직하게 된다. 이로 인해 재물을 잃게 된다.

❖ **자신의 이가 흔들리는 꿈**

사업이나 조직 등이 부실하여 흔들리거나 직장에서 해고의 위험 등으로 자신의 직위가 불안해진다.

❖ **자신의 이가 몽땅 빠져버리는 꿈**

조직이나 사업을 새로 정비할 일이 생기거나 집안이나 사업 등이 몰락할 것을 예시한다.

❖ **자신의 이가 검거나 누런 때가 묻어 있는 꿈**

집안에 근심·걱정이 생기거나 사업에 차질이 생겨 고통받게 될 것을 예시한다.

❖ **누군가의 귓바퀴가 갈라진 것을 보는 꿈**

사기를 당하거나 신분·명예 등이 몰락하게 된다.

❖ **자신의 귀가 크고 아름다워 보이는 꿈**

취직 또는 승진하게 되고, 이로 인해 재물이 들어온다. 또한 건강과 장수를 예시하는 길몽이다.

❖ **귓속으로 곡식이 들어간 꿈**
사업이나 추진하던 일로 인해 큰 이익을 보게 된다.
❖ **거울을 통해 본 자신의 귀가 여러 개였던 꿈**
자신의 수족 같은 협조자를 얻거나 좋은 친구를 사귀게 된다.
❖ **귀가 막혀 소리가 전혀 들리지 않는 꿈**
지금까지의 근심·걱정이 말끔히 사라져 정신적인 고통에서 놓여날 것을 예시한다.

목·머리·이마

❖ **자신의 목에 다른 사람이 목마를 탄 꿈**
누군가에게 심한 간섭을 받게 되거나 기분 상할 일이 생길 것을 예시한다. 그러나 이와 반대로 자신이 누군가의 목마를 타는 꿈이었다면 여러 사람의 추대를 받아 높은 지위에 오르게 된다.
❖ **누군가 자신의 목을 조르는 꿈**
사업이나 추진하는 일이 누군가의 방해를 받아 중단되거나 어려운 상황에 직면하게 된다.

❖ **송곳에 목을 찔리는 꿈**

편도선 등 목에 관련한 질병에 걸릴 수 있으므로 주의해야 한다.

❖ **자신이 동물의 목을 잡는 꿈**

각종 시험 등에서 우수한 성적으로 합격하게 된다.

❖ **목 하나에 머리가 여러 개 달린 것을 보는 꿈**

꿈 자체로 보면 꺼림칙하지만 꿈해몽으로는 길몽이다. 장차 크게 출세하여 성공할 것이다.

❖ **자신의 머리가 짐승의 머리로 변하는 꿈**

어떤 단체나 집단의 우두머리가 될 것을 예시한다.

❖ **누군가의 잘린 머리를 천장에 매다는 꿈**

급하게 처리해야 할 일이 생기거나 다른 사람·기관·부서 등에 부탁할 일이 생길 것을 예시한다.

❖ **자신의 머리가 몹시 작아 보이는 꿈**

자신의 일이 대수롭지 않게 생각되어 다른 사람에게 알리지 못하거나 다른 사람에게 알려질까 두려워하게 된다.

❖ **머리가 몹시 아프다고 생각되는 꿈**

사업이나 장사 등에서 많은 이익을 내게 되고, 취직을 하게 되거나 승진의 기쁨이 있을 것이다.

❖ **자신의 머리털이 많이 빠져 엉성해 보이는 꿈**
  집안에 흉사가 생기거나 복잡한 일이 생긴다.
❖ **자신이 누군가의 뒤통수를 때리는 꿈**
  꿈속에 등장했던 인물이나 그가 상징하는 어떤 인물에 대한 모든 것을 들추어내게 되며, 이로 인해 그에 대한 벌이나 탄핵 등이 쉬워진다.
❖ **자신의 머리가 길게 자라 앞머리가 얼굴을 가리는 꿈**
  소송사건에 휘말리거나 관재수가 있을 것이다.
❖ **머리를 곱게 빗는 꿈**
  지금까지의 근심이 사라지고 사업이나 추진하던 일이 잘 진행되어 번창하게 될 것을 예시한다.
❖ **자신의 머리가 대머리가 되지 않을까 불안해하는 꿈**
  직장이나 그 밖의 일 처리에 있어서 능력이 부족한 것에 대한 불안감을 나타내는 것이다.
❖ **머리를 자주 감는 꿈**
  딸의 장래문제로 인해 고민이나 걱정을 많이 하고 있음을 나타내고 있다.
❖ **자신의 머리가 찌그러진 모양으로 보이는 꿈**
  대인관계에 문제가 있을 수 있으니 자신의 성격이나 일의 추진 방식을 바꾸어야 한다.

❖ **자신의 이마가 점점 좁아져 보이는 꿈**
권력에서 물러나거나 권력 다툼에서 밀려나게 된다. 또한 재물이나 명예 등을 잃게 될 좋지 않은 꿈이다.

❖ **이마를 다치는 꿈**
걱정거리가 생기거나 자신의 신상에 어떤 문제가 발생하게 될 것이다.

❖ **머리를 뭔가에 부딪혀서 다치는 꿈**
구설수나 시비에 말려들 수 있으니 주의해야 한다. 또는 자신의 생활방식이나 사고방식을 돌아보아 잘못된 점을 고쳐야 한다는 경고성 꿈이기도 하다.

❖ **용·호랑이·사자 등의 머리를 캐는 꿈**
사업·일·작품 활동 등이 크게 성공하여 선두주자에 서게 된다. 또한 중요한 계약 등이 성사될 길몽이다.

❖ **동물의 목을 잘라 피를 보는 꿈**
어떤 일이나 사업이 잘 성사되어 재물을 쌓게 된다. 또한 예술가라면 좋은 작품을 내놓게 되어 감동받을 일이 생긴다.

❖ **머리를 빗을 때 비듬이나 이 등이 많이 나오는 꿈**
지금까지의 근심이 해소되거나 잘 풀리지 않던 일이 풀리게 되어 정신적으로도 안정을 되찾게 된다.

❖ **누군가가 강제로 자신의 머리를 깎는 꿈**
　가족 중 누군가가 사고를 당하거나 해를 입게 될 것을 예시하니 조심해야 한다. 여성이 이런 꿈을 꾸면 의지하던 사람 즉, 남편이나 애인을 잃게 될 것이다.

❖ **머리카락이 바람에 쓸려 헝클어지는 꿈**
　직장이나 사회생활에 있어 대인관계에 문제가 생기거나 현실에서의 어떤 문제로 인해 고민하고 있음을 나타내고 있다.

❖ **붉은 색으로 자신의 머리카락을 염색하는 꿈**
　구설수나 시비에 휘말릴 수 있으니 조심해야 한다.

❖ **목매달아 죽은 사람을 보는 꿈**
　사업이나 추진 중인 일 등이 운세의 호전으로 잘 풀리게 될 것이다. 또한 어떤 일을 하든 찾아오는 행운으로 인해 잘 풀리게 된다.

❖ **자신의 목이 흉할 정도로 가늘어 보이는 꿈**
　재물의 손실을 가져와 생활이 어려워질 것을 예시한다.

❖ **누군가의 목을 얻는 꿈**
　오랫동안 골치를 썩여왔던 일이 해결되거나 주변의 도움으로 뜻밖의 행운을 잡게 될 것이다.

❖ **자신의 머리가 잘려나가 땅바닥에 떨어지는 꿈**

만일 기분이 불쾌했다면 실직을 당하거나 경제적인 곤란을 당할 흉몽으로 해석된다. 그러나 반대로 아무 느낌도 없었다면 오랫동안 골치를 썩여왔던 일이 해결되어 운세가 호전될 것이다.

❖ **머리카락이 엉켜서 잘 빗어지지 않는 꿈**

걱정거리가 생기며 추진 중인 일이나 사업 문제가 해결되지 않는다.

❖ **머리카락이 철사처럼 뻣뻣해 잘 넘겨지지 않는 꿈**

자신의 완고한 성격으로 인해 사회적인 손실을 가져오게 된다.

❖ **사람의 머리나 동물의 머리가 쫓아오는 꿈**

정신적인 문제가 생겨 곤란에 빠지거나 어떤 일을 시작하게 된다.

❖ **어깨에 짐을 지고 힘들어하는 꿈**

힘겨운 일을 맡아 부담스러워하거나 고통을 받는다.

❖ **자신의 어깨에 날개가 돋아나는 꿈**

어떤 권리를 얻거나 직장인은 승진 등의 길이 열려 출세하고 사업가는 사업상 유리한 방도가 주어진다.

심장 · 가슴

❖ **낯선 여자가 갑자기 자기의 가슴을 칼로 찌르는 꿈**
가슴이나 복부 쪽과 관련된 질환에 걸려 수술을 하게 될 것을 예시한다. 가령 늑막염 등의 질환일 가능성이 많다.

❖ **심장이 두근거려 애써 진정시키는 꿈**
미혼 남녀에게 사랑이 찾아올 길몽이다.

❖ **자신의 심장이 없어지는 꿈**
자신의 충실한 협조자나 친한 친구·성실한 고용인 등 소중한 사람을 잃게 되거나 어떤 귀한 물건을 잃어버려 정신적인 충격을 받게 될 것이다.

❖ **어머니의 가슴을 만지면서 행복해 하는 꿈**
사업이나 추진 중인 일에 만족감을 느낄 만큼 일이 순조롭다. 또한 신체적으로 건강하고 하는 일에 있어 행운이 찾아오게 된다.

❖ **어떤 여성의 유방이 노출된 것을 보는 꿈**
형제나 자매의 신변에 위험이 닥쳤음을 예시한다. 만약 꿈에서 노출된 여성의 가슴을 감싸주었다면 형제·자매의 위험을 막아줄 일이 생긴다.

❖ **남성의 가슴이 여자의 유방처럼 커지면서 털이 돋아나는 꿈**
건강과 명예·이권·권리 등을 얻게 될 것을 예시하는 길몽이다. 그러나 여성이 자신의 가슴에 털이 나는 꿈이었다면 재물의 손실이 있게 된다.

❖ **상대방의 가슴을 무기로 찌르는 꿈**
어떤 일이나 단체 등에 치명적인 타격을 가해 자신의 일이 성사된다.

❖ **괴한이 자기의 가슴 위에 앉아 있어 괴로워하는 꿈**
실제로 심장이나 폐에 이상이 생긴 경우도 있었다. 또는 형제나 부부 사이에 불화가 생기게 된다.

❖ **어린아이에게 젖을 먹이는 꿈**
정신적·물질적인 자본을 투자해서 사업을 탄탄하게 만든다.

❖ **여성의 유방을 꼬집거나 주무르는 꿈**
형제나 자매가 싸우거나 부모에게 불효해서 불쾌감을 느낄 일이 생긴다.

❖ **여성의 유방이 유난히 커 보이는 꿈**
떨어져 살고 있는 형제간에 소식이 있거나 만날 일이 있겠다.

손 · 팔 · 어깨

❖ **손이나 발에 화상을 입는 꿈**
  새로운 인연을 맺게 되거나 계약할 일이 생긴다.
❖ **손이나 발에 상처를 입는 꿈**
  누군가와 이별할 일이 생긴다. 특히 자신의 협조자나 자신이 아끼는 어떤 사람과 이별하게 된다.
❖ **누군가와 손을 맞잡고 걷는 꿈**
  어떤 일이나 직업·결혼 등이 잘 추진된다.
❖ **자신의 손이 갑자기 작게 보이는 꿈**
  부하직원이나 아랫사람에게 배신을 당하거나 속임을 당할 수 있다.
❖ **자기의 손을 누군가 잡아끌어 올려주는 꿈**
  상대방의 도움을 크게 입어 곤란한 일을 모면하게 된다.
❖ **상대방의 손이 차갑게 느껴지는 꿈**
  꿈속의 상대방이 상징하는 누군가로부터 냉대를 받게 된다. 만약 이와 반대로 상대방의 손이 따뜻하게 느껴졌다면 상대방과의 일이 호의적으로 이루어지게 된다.

❖ **상대방의 손을 자신의 손 안에 포개 잡는 꿈**
의형제나 제자·연인 등의 협조를 얻게 된다.

❖ **위험한 지경에 빠진 사람의 손을 잡아 구출하는 꿈**
어떤 일 또는 그 사람의 과오에 대해서 연대책임을 지게 된다.

❖ **끓는 물에 손을 씻는 꿈**
지금까지 골치를 썩여왔던 고민거리나 근심이 사라지게 된다. 또한 질병을 앓았던 사람이라면 낫게 된다.

❖ **팔이 부러진 꿈**
지금껏 쌓아올렸던 세력이나 조직 등이 무너지거나 자신의 협조자가 변절하게 된다. 혹은 오른팔이 부러지는 꿈이었다면 부모나 형제, 자매가 좋지 않은 일을 당하게 되며, 왼팔이 부러지는 꿈이라면 어머니의 자매가 좋지 않은 일을 당하게 된다.

❖ **누군가가 흉기로 자신의 팔을 찌르는 꿈**
각 팔이 상징하는 인물, 즉 오른팔이라면 아버지·형제·아들 혹은 업무와 관련한 어떤 사람에게 좋지 않은 일이 일어나게 되며, 왼팔이라면 어머니·자매·딸·연인·친구 등과 관련하여 좋지 않은 일이 생기거나 불행을 당하게 될 것을 예시한다.

❖ **가만히 자신의 손을 들여다보고 있는 꿈**

정신적으로 고통받거나 경제적인 곤란에 처하게 될 것이다.

❖ **자신의 손가락이 새로 나왔다고 생각하는 꿈**

새로운 친구를 사귀게 되거나 협력자 등을 구하게 된다. 혹은 새로운 사업을 구상하게 될 것이다.

❖ **아무리 씻어도 자신의 손이 더럽게 보이는 꿈**

자신의 주위에 좋지 않은 사람이 있지 않은가, 자신이 그러한 사람과 어울리고 있지 않은가 한 번 살펴보아야 한다. 또는 자신이 사회적으로 부도덕한 어떤 일에 손을 대고 있어 양심에 가책을 받고 있음을 나타내기도 한다.

❖ **손가락이 부러져 잃어버리는 꿈**

자신의 수족과도 같은 사람이나 절친한 친구 등을 잃게 되거나 중요한 물건을 잃어버리게 된다.

❖ **자신의 손가락이 잘려나가는 꿈**

사업이나 추진 중인 일에 문제가 발생하여 개선해야 함을 예시한다. 또한 믿었던 사람으로부터 배신을 당하거나 형제·자매·자식 등에게 어떤 사고가 생길 것을 예시하기도 한다.

❖ 자신의 손가락이 점점 짧아지는 꿈
   생활이 어려워지고 일이 잘 풀리지 않을 것을 예시한다. 또한 사업이나 추진 중인 일이 난관에 부딪혀 막막해지고, 집안에 우환이 생길 것이다.

❖ 손톱을 깎는 꿈
   사고로 부상을 당할 수 있으므로 조심해야 한다.

발 · 무릎 · 다리

❖ 허벅지에 탄환을 맞는 꿈
   미혼 여성이라면 청혼을 받고 기혼 여성이라면 임신을 하며 학생의 경우는 입학이나 진학을 한다.

❖ 자신의 발바닥에 피가 흐르는 꿈
   조카뻘되는 사람에 의해서 재물에 손실을 입는다.

❖ 무릎을 다치는 꿈
   사업이나 추진하던 일이 부진의 늪에 빠지거나 직장인은 실직당할 수 있다.

❖ 다쳤던 무릎이 나아 자유롭게 걷는 꿈
   잘 풀리지 않던 일이 차츰 번성하게 될 것이다.

❖ **발이 자신의 키만큼 커지는 꿈**
  사업이나 직장·대인관계 등에 자신감이 넘친다. 이로 인해 사회적으로 크게 성공하게 될 것이다.

❖ **자신의 다리가 너무 가늘어서 불안해 보이는 꿈**
  건강에 이상이 오거나 자신의 인생에 대해 불안해하는 마음을 나타내는 것이다.

❖ **자신의 다리가 잘려나가 피가 흐르는 꿈**
  횡재를 하거나 재물이 쌓이게 될 좋은 꿈이다. 혹은 명예·이권·권리 등을 얻게 된다.

❖ **다리를 다쳐 퉁퉁 부어 있는 꿈**
  부하직원이나 고용인 등의 실수로 재물이나 이권 등에 손실을 입게 될 것을 예시한다. 혹은 사고를 당하거나 질병에 걸릴 수 있으므로 주의해야 한다.

성기

❖ **여성의 성기가 이상한 모양으로 변해 있는 꿈**
  여성에 대한 불신감이나 어머니·아내에 대한 자신의 생각을 나타내는 꿈이다.

❖ **여성이 남성의 성기를 달거나 남성이 여성의 성기를 가지고 있는 것을 몰래 보는 꿈**
  사업이나 추진 중인 일 등에 있어 여러 가지 일이 얽히게 되니 차분히 풀어나갈 마음의 자세를 갖는 것이 좋다.

❖ **자신의 성기를 노출시킨 채 자랑스럽게 생각하는 꿈**
  자신의 일에 자부심을 가질 일이 있거나 자식 자랑할 일이 생길 것을 예시한다.

❖ **이성이 성기를 보여주는 꿈**
  사업상 상대방을 설득하거나 유혹할 일이 생길 것이다. 또는 자신의 실력을 과시할 일이 생긴다.

❖ **성기가 발기하지 않아 초조해지는 꿈**
  사업에 대한 의욕이 상실되거나 어떤 일에 있어 패배 등을 경험하게 된다.

❖ **성기를 뽑히거나 잘리는 꿈**
  사업이 실패하거나 자존심 상할 일, 절망적인 일 등이 생긴다.

❖ **많은 사람들 앞에서 자신의 성기를 내놓고 자랑하는 꿈**
  자신의 일을 다른 사람 앞에서 자신만만하게 과시하게 될 일이 있다.

대·소변

❖ **자기 옷에 대변이 많이 묻는 꿈**
재물이나 권리가 자신에게로 이양될 것을 예시한다.

❖ **자신이 한 무더기의 소똥을 밟는 꿈**
누군가의 부동산이 자신 앞으로 명의가 이전되는 일이 생길 것이다. 또는 다른 사람의 권리나 이권·명예 등이 자신의 것으로 되기도 한다.

❖ **화장실에 들어가 일을 보고 일어서니 화장실 안이 누런 대변으로 가득 차 있어 크게 놀라 바라보는 꿈**
어떤 회사나 기관, 사업장에서 자기의 계획이나 소원이 달성된다. 또한 그로 인해 막대한 재물을 쌓게 될 것을 예시한다. 예술가라면 만족할 만한 작품을 발표해 부와 명성을 쌓게 된다.

❖ **남의 집에 있는 대변을 자기 집으로 가지고 오는 꿈**
생각지도 않던 돈이 들어오거나 이익·이권 등을 얻게 될 좋은 꿈이다.

❖ **산처럼 쌓여 있는 대변더미를 연장으로 뒤적이는 꿈**
큰 횡재수가 있거나 생각지 않던 재물과 명예를 얻게 된다.

❖ **인분 구덩이에 있는 인분을 밭고랑에 뿌리는 꿈**
 지금까지의 인내와 노력이 결실을 맺게 될 것이다.

❖ **아들이 똥을 싸는 것을 보고 옷을 벗겨 씻어주는 꿈**
 관리나 조직 생활에 부드러운 처세가 필요할 때임을 알려주는 꿈이다. 혹은 능률 향상을 위해 금융 쪽의 문을 넓혀야 할 것이다.

❖ **소변을 보기 위해 화장실에 들어가는 꿈**
 만약 화장실에 들어가다 잠이 깼다면 하고 있는 일이나 사업 등이 뜻대로 잘 이루어지지 않음을 나타낸다.

❖ **소변을 보는데 성기가 돋보이고 오줌 줄기가 세차게 나오는 꿈**
 소원·사업·추진하는 일 등이 크게 이루어져 세상 사람들에게 이름을 떨치게 된다.

❖ **소변을 보아 도시가 잠겨버리는 꿈**
 현실에서의 근심이 해소되거나 소원이 이루어진다. 또한 기관이나 단체·사회·국가를 자기 세력이나 영향 또는 사상으로 감화시킬 수 있게 된다. 이런 꿈을 꾸고 아기가 태어나면 그 아기는 장차 큰 인물이 될 것이다.

❖ **오물이 가득한 구덩이나 변기 등에 소변을 보는 꿈**
재물 또는 그에 상응하는 것을 얻게 된다.

❖ **물이 흐르는 곳에 소변을 보는 꿈**
신문사나 잡지사 등에 소설이나 논문, 그 외의 창작물을 발표하게 된다.

❖ **소변을 보는데 오줌 줄기가 세차게 나오며 시원한 소리가 나는 꿈**
소원이 크게 성취되거나 사업이 힘차게 뻗어나가 소문이 난다.

❖ **자기의 소변이 갑자기 바다를 이루는 꿈**
자기의 작은 힘을 이용하여 큰 세력을 움직이거나 막대한 자본을 활용하게 된다.

❖ **소변이 잘 나오지 않아 쩔쩔매는 꿈**
사업이 꼬이거나 추진하던 일이 잘 안 풀리며 소원이 충족되지 않는다.

❖ **소변이 옷에 젖는 꿈**
계약할 일이 있거나 누군가의 글로 인해 망신을 당하게 된다.

❖ **칼에 찔려 온몸이 피투성이가 되는 꿈**
고시 등의 어려운 시험에 합격하거나 당첨 등의 일로 많은 돈을 벌게 되어 사람들의 이목을 집중시키게 됨을 예시한다.

❖ **검붉은 피가 옷에 묻는 꿈**
누군가로부터 사상적 감화를 받거나 재물을 얻게 될 것을 예시한다.

❖ **누군가의 피를 마시는 꿈**
집안에 재물이 굴러 들어오거나 정신적인 재산이나 유산을 얻게 될 것을 예시하는 좋은 꿈이다.

❖ **예수나 석가모니 등 신적인 존재의 피를 마시는 꿈**
어떤 훌륭한 지도자의 가르침을 받아 진리를 깨우치게 될 것을 예시하는 꿈이다.

❖ **기침을 하는데 피를 토하는 꿈**
오랫동안 소원해 왔던 어떤 일이나 숙원사업이 한꺼번에 이루어지거나 해결될 것을 예시한다. 혹은 어떤 고민이나 근심 등을 폭발시켜 감정의 카타르시스를 느끼게 될 것이다.

❖ **상대방이 피를 흘리는 것을 보고 무서워 도망치는 꿈**
재물이나 돈을 벌 기회를 놓치거나 어떤 일이 미수에 그친다.

❖ **상대방이 피를 흘리는 것을 보고 만족해하는 꿈**
계획하던 일 또는 기획하고 있던 사업이 성사되거나 큰돈이 생겨 기뻐하고 세상에 소문낼 일이 생긴다.

❖ **사람이 죽어 선혈이 낭자한 것을 보는 꿈**
사회적으로나 집안에 어떤 일이 생겨 큰돈을 취급하게 된다.

❖ **코피가 터져 흐르는 꿈**
자신의 재물을 세상에 공개할 일이 생긴다. 혹은 재물의 손실이나 자존심 상할 일이 생기기도 한다.

❖ **상대방이 코피 나는 것을 보는 꿈**
그에게서 상당한 재물을 얻거나 정신적인 감화를 받게 된다.

❖ **자기가 칼로 찌른 사람의 몸에서 피가 나는 꿈**
상대방에게 돈을 요구할 일이 생기거나 남의 사업을 거들어 돈이 생긴다.

❖ **몸에 묻은 피를 닦아내거나 옷을 빠는 꿈**
계약을 해약하거나 재물을 잃게 된다.

❖ **동물의 목을 자르자 피가 솟는 꿈**

사업 또는 어떤 일 · 작품이 성취되어 재물이 생기거나 큰 감동을 주게 된다.

❖ **항문에서 피가 흐르는 꿈**

사업상 거래에서 손실을 보게 된다.

❖ **뱃속에 피가 고여 불룩해지는 꿈**

막대한 재물을 축적하게 된다.

❖ **무덤에서 피가 흐르는 것을 보는 꿈**

협조 기관이나 금융기관 · 지원자 등에게 많은 돈을 얻어 쓸 수 있게 된다.

눈물 · 땀 · 기타 분비물

❖ **눈물이 계속해서 흐르는 꿈**

어떤 기쁜 일이 오래 지속되게 되며, 그 기쁨은 남편이나 윗사람과 함께 나눌 수 있는 성질의 것이다.

❖ **누군가 눈물 흘리는 것을 보는 꿈**

꿈속의 인물이 상징하는 어떤 사람으로 인해 패배의식을 가지게 되거나 불쾌한 일을 당하게 될 것이다.

❖ **소리 내어 울면서 눈물이 떨어지는 꿈**
  추진 중인 일이나 사업·소원 등이 크게 이루어질 것을 예시하는 좋은 꿈이다. 또한 크게 기뻐할 일이 생겨 여러 사람에게 소문이 나며, 많은 사람들에게 감명을 주게 될 것이다.

❖ **이마에 땀방울이 송골송골 맺혀 있는 꿈**
  재물을 잃게 되거나 어떤 사고로 상처를 입게 될 것을 예시한다. 그러나 다른 사람의 이마에 땀이 흐르는 것을 보는 꿈이었다면 자신에게는 좋은 꿈이다.

❖ **온몸이 땀으로 뒤범벅되어 있는 꿈**
  자신 혹은 누군가가 죽거나 질병·재해·사고 등을 예시하는 불길한 꿈이다.

❖ **이마나 신체에 흐르는 땀을 닦아내는 꿈**
  몸도 마음도 편안해지고 기력이 회복되며 직장 등에 대한 추천서를 쓰거나 계약서를 작성하게 된다.

❖ **온몸에 고름이 흘러 악취가 나는 꿈**
  큰 재물이 들어오거나 명예 등을 획득하게 된다.

❖ **침을 뱉어내는 꿈**
  돈이나 재물·정력 등을 헛되이 낭비하게 되니 주의해야 한다.

❖ 낯선 사람이 뱉은 침이 자신에게 튀는 꿈
횡재수가 있거나 뜻밖의 재물이 들어오게 된다. 이로 인해 생활이 행복해진다.

❖ 누군가 상대방의 얼굴에 침을 뱉는 꿈
꿈속의 상대방에게 정신적 혹은 물질적인 공박을 가해서 마음에 상처를 입는다.

❖ 정액이 많이 나와서 쌓이는 꿈
정신적 또는 물질적인 소득을 얻거나 많은 작품을 생산하게 된다.

❖ 정액이 옷에 묻어 불쾌해지는 꿈
추진하던 일이나 어떤 소원이 성취되겠지만 시빗거리가 남아 불쾌함을 느낄 일이 있다.

❖ 생리가 묻어 나온 것을 보는 꿈
계약이 체결되고, 생리가 소변같이 많이 나오면 소원이 크게 충족된다.

❖ 가래에 피가 섞여 나오는 꿈
정신적인 고통이 해소되기도 하지만, 재물의 손실이 수반되기도 한다.

몸·나체

❖ **자신의 몸이 무척 말라 있는 꿈**

　업무의 과중으로 건강에 이상이 생겼음을 나타내는 꿈이다. 혹은 여성인 경우 날씬해지고 싶은 평소의 소망이 꿈에 나타난 것이다.

❖ **나체쇼를 구경하는 꿈**

　흉몽이다. 금전이나 재물에 손실을 가져올 일이 생기게 되거나 접대나 대인관계에 있어 크게 흠을 잡히게 될 것이다.

❖ **옷이 흐트러져 몸의 일부를 드러내는 꿈**

　의지할 곳을 잃거나 유혹당할 일이 생긴다.

❖ **러닝셔츠나 팬티만 입고 있는 꿈**

　고독하게 되거나 신분에 변화가 생겨 불안정해진다.

❖ **자신의 알몸을 가릴 수 없어 당황해 하는 꿈**

　신분이나 계획·소원·사업 등과 관련해서 협조자나 방법 등이 없어 애태우게 된다.

❖ **벌거벗은 자신의 몸에 스스로 매혹되는 꿈**

　직위가 돋보이게 되고 배우자나 형제에 의해 신분이 귀해진다.

시체 · 해골

❖ **관 속의 시체에서 썩은 물이 흐르는 것을 보는 꿈**
운수가 대길할 길몽이다. 이런 꿈을 꾸고 나면 어떤 일을 하든 운이 트여 성공하게 된다.

❖ **시체가 여기저기 즐비하게 널려 있는 것을 보는 꿈**
추진 중인 일이 크게 번성하고 운수가 대길하여 횡재수가 있거나 재물 · 명예 · 이권 등을 얻게 된다.

❖ **자신이 시체를 불태우는 꿈**
사업이나 추진 중인 일에 적은 자본을 투자하지만 큰 성과를 거두게 될 것이다.

❖ **누군가의 시체를 자기 집 근처에 묻는 꿈**
어떤 소중한 물건이나 돈을 다른 사람 몰래 감출 일이 생기거나 비밀이 생기게 된다.

❖ **해골을 파내는 꿈**
졸업장이나 감사장 · 초대장 등을 받게 되거나 별 실익 없는 명예를 얻게 된다.

❖ **누군가의 시체를 본 꿈**
사업이나 작품 등에 큰 성과를 기대할 수 있고, 재물이나 이권 · 권리 등을 획득하게 될 것을 예시한다.

❖ **자신이 시체를 짊어지고 집 안으로 들어가는 꿈**
   길몽이다. 소원이 성취되고 어렵게 전개되던 일이 이루어지고 돈·재물 등이 쌓이고 명예를 얻게 된다.

❖ **시체가 든 관을 누군가와 맞들고 서 있는 꿈**
   함께 관을 들고 있던 사람과 동업하게 되거나 서로 관련하여 어떤 일을 이룬다.

❖ **자신의 집안에 있는 시체를 내다버리는 꿈**
   모처럼 얻은 일의 성과가 무용지물이 되거나 재물을 잃게 된다.

❖ **한밤중에 자신과 관련이 있는 시체를 사람들 눈을 피해 길가에 내놓는 꿈**
   사업 계획이나 추진한 일이 크게 성공하고 이로 인해 명성을 얻게 되어 유명인이 된다.

❖ **자신이 누군가를 죽이고 그 시체를 묻는 꿈**
   현실에서 발생한 어떤 사건을 깨끗이 처리하거나 영원히 비밀에 부치게 된다.

❖ **누군가 자기 대신 시체를 운반하는 것을 보는 꿈**
   자기 사업이나 자신이 추진하던 일에서 다른 사람이 돈을 벌게 된다. 또는 다른 사람이 자신의 일을 대신 처리해 주기도 한다.

❖ **자신이 사람을 죽이고 그 시체에서 소지품을 빼앗아서 달아나는 꿈**

사업이나 어떤 일 등을 크게 성취하여 그에 대한 대가로 많을 돈을 벌게 된다.

❖ **관 속에 담긴 시체가 자신의 집 마당이나 정원에 놓여 있는 것을 보는 꿈**

그동안 꼬였던 일이 풀리게 되고, 사업가들은 사업상으로 어려웠던 일이 성사되어 명예를 얻게 된다. 앞으로 막대한 재물을 얻게 된다.

❖ **상갓집에 갔다가 뚜껑이 열려 있어 시체가 보이는 꿈**

사회적으로 알려진 어떤 일을 하게 되어 많은 성과를 얻게 된다. 또는 사람의 재산을 관리하게 되어 자신도 득을 보게 된다.

❖ **시체가 갑자기 몇 배 몇 십 배로 불어나 방 안에 가득 차는 꿈**

장차 사업이 크게 번창하게 되고 큰 부자가 될 것을 예시한다.

❖ **자신이 아는 어떤 사람이 죽어서 그 시체에 절하며 곡하는 꿈**

생각지도 않던 많은 유산을 상속받게 된다.

❖ **갑자기 불어난 시체가 커지면서 자신을 쫓아와서 공포에 떠는 꿈**
사업이 어려워져 많은 빚을 지게 된다. 이로 인해 생활고에 허덕이게 된다.

❖ **가까운 친척 중에 누군가가 죽었는데도 무덤덤하게 받아들여지는 꿈**
갑자기 생긴 돈이나 재물 등을 당연한 일로 여기는 상황이 생긴다.

❖ **자식이나 조카가 죽어서 그 시체를 보고 크게 우는 꿈**
고생 끝에 성사시킨 일이나 예술가라면 많은 시간과 노력을 기울여 탄생시킨 작품 등이 세상에 알려지면서 돈과 명예가 따르게 되어 크게 기뻐할 것을 예시한다.

❖ **차나 바위에 깔려 죽은 시체를 보는 꿈**
자신과 관련 있는 어느 기관에서 일이 성취될 것을 예견한다.

❖ **자신이 다니는 길이나 집에 시체가 즐비하여 공포를 느끼는 꿈**
자신이 종사하고 있는 단체나 기관에서 일을 성사시키거나 미궁 속에 있던 사건의 진상을 밝히게 된다.

❖ **길 한가운데 붕대로 감은 시체가 놓여 있는 것을 보고 무서워 도망치는 꿈**

불길한 일을 예시하는 꿈이니 특별히 조심해야 한다. 교통사고를 당하거나 어떤 일에 연루되어 간신히 죽음을 면하게 된다.

❖ **길거리에 널려 있는 송장을 발길로 차서 굴리는 꿈**

사업을 구상하거나 추진하게 되며, 사업에 필요한 자본을 쉽게 구할 수 있을 것이다.

❖ **자신이 빈 관을 들고 서 있는 꿈**

사기를 당하거나 결혼이 깨지고 추진하던 일이 수포로 돌아가게 되니 여유 있게 생각하는 것이 좋다.

❖ **죽은 사람을 화장하는데 불길이 너무 세서 뜨거움을 느끼는 꿈**

투자자들의 사업자금으로 사업이 크게 성공하게 된다. 그러나 만약 시체가 타서 재가 남으면 사업에 실패하여 파산 상태에 이르게 되니 조심해야 한다.

❖ **웃어른이 죽은 후에 시신 앞에서 상복을 입고 있는 꿈**

유산을 상속받게 되거나 관직에 오르게 되어 돈과 명예를 얻게 된다. 그러나 집안어른들의 죽음을 예시하는 경우도 있다.

❖ 길거리에 방치된 시체에서 구더기가 우글거리는 것을 보는 꿈

예상 외로 일이 잘 풀려 막대한 돈을 벌게 되며, 별로 신경 쓰지 않던 일이 크게 성공하여 주위의 가까운 사람을 감동시키게 된다.

❖ 송장 썩은 물이 냇물처럼 흐르는 꿈

사업이 크게 번성하여 많은 돈을 벌게 되고 여러 사람들에게 정신적인 영향을 주어 명예를 얻게 된다.

❖ 상대방이 누군가의 유골을 가져오는 것을 보는 꿈

작가가 이런 꿈을 꾸었다면 오랜 기간에 걸려 저술한 글이 출판되거나 일반인이라면 돈과 명예를 얻을 수 있는 증서·합격증·상장 등을 받게 된다.

❖ 밭을 갈다 우연히 해골을 발견하는 꿈

예술가가 이런 꿈을 꾸면 그림이나 글의 작품 소재를 얻게 되고 일반인이라면 돈의 가치가 높은 골동품 등을 얻게 된다.

❖ 시체를 홑이불로 덮어씌운 꿈

사업이나 어떤 일을 성취하여 오래도록 그 성공을 누리게 된다. 혹은 모아둔 재물을 오래도록 보존하게 된다.

❖ 시체 썩는 냄새를 맡는 꿈
 자신이 추진하던 어떤 일이 이루어져 많은 사람들에게 이름을 떨치게 되고 이로 인해 많은 돈을 벌게 된다.

❖ 죽어 있던 송장이 되살아나 놀라 도망가는 꿈
 이미 성사시킨 일 또는 거의 완성되어가던 일이 수포로 돌아가게 되어 많은 피해를 보게 되고, 게다가 빚을 지거나 사업자금을 되돌려줄 상황이 발생한다.

❖ 자신이 누군가의 시체 앞에서 우는 꿈
 사업이나 추진하던 일이 성공하여 기뻐하게 된다.

❖ 가족이나 가까운 친척이 죽어 슬피 우는 꿈
 시간과 노력을 기울여 완성해 놓은 일을 되새기거나 작품을 감상하며 즐거워할 일이 생긴다.

❖ 우연히 보게 된 송장이 무서워서 도망치는 꿈
 횡재할 기회를 눈앞에서 놓치거나 자신의 힘으로 이룩해 놓은 일이 다른 사람의 공으로 돌아가게 된다.

❖ 방 안에 시체가 여러 구 있는 것을 보는 꿈
 사업이 크게 성공하거나 큰 재물을 쌓게 된다.

제4장
인간의 행동에 관한 꿈

보다 · 먹다

❖ **하늘 위에서 산과 들이 몽땅 물로 덮인 것을 보는 꿈**
큰 세력을 잡아서 자신의 세력으로 만들거나 세상을 감동시키고 구할 만한 업적을 남기게 된다.

❖ **유리창을 통하여 안을 들여다보는 꿈**
어떤 일을 직·간접적으로 알게 되며, 태몽이라면 모자 이별이 있게 된다.

❖ **커다란 시루에 떡을 쪄놓고 천지신명께 빈 후 그 떡을 다 먹는 꿈**
어떤 크고 많은 일거리를 협조 기관이나 협조자에게 청탁하여 그 일을 맡게 되며, 이 일거리를 잘 해낸다. 또한 한평생 상당히 많은 큰일을 하여 부귀를 누릴 것을 예시한 꿈이다.

❖ **큰 시루에 담은 떡을 다 먹어치운 꿈**
태몽으로 태어날 아이는 장차 성공하고 부귀해짐을 예시한 것이다.

❖ **큰 독에 들어 있는 참기름을 다 먹는 꿈**
학문적으로 큰 진리를 깨우치거나 이념이나 사상 등을 전파하게 된다.

세면 · 목욕

❖ **깨끗한 물에 머리를 감고 옮겨 앉는 꿈**
그동안의 근심·걱정이 사라지고 질병이 깨끗이 낫게 될 것이다.

❖ **물에 세수는 하지 않고 입만 헹구어내는 꿈**
실직을 당하거나 일을 중도에서 포기하게 된다.

❖ **뜨거운 물에 몸을 씻는 꿈**
어려운 상황에서 상대방에게 사랑·은혜·협조를 받아 괴로움에서 벗어나게 되고 시험에 합격하여 기쁨을 누리게 된다.

❖ **물이 빠진 갯바닥에 물고기·조개·게 등이 드러나 기어다니는 것을 보는 꿈**
정신적·물질적인 사업에서 많은 이득을 얻게 된다.

❖ **세수할 때 머리에서 모래가 우수수 쏟아져 깜짝 놀라 보니 세숫대야에 사금(沙金)이 가득한 것을 본 꿈**
소원이 충족되고 신분이 새로워지며 돋보이게 된다. 또한 어떤 단체나 조직·기관 등에서 우두머리의 자리에 앉게 되어 그때까지의 어려움이 해소되고 권리나 이권·명예 등을 획득하게 된다.

❖ 넓은 바다에서 혼자 수영하는 꿈
사업이 잘 되고 외국 유학이 순조롭게 진행되며 직장 등에서 혜택을 입거나 일이 잘 추진된다.

❖ 방 안에 물이 가득 차서 그 속에서 헤엄을 치거나 목욕하는 꿈
재물이 쌓여 유복하고 행복해진다. 또는 어떤 돈 많은 회사에 취직을 하거나 투자를 하게 되어 소원을 충족시키게 된다.

❖ 자유롭게 헤엄쳐 다니는 꿈
비밀을 캐는 일에 종사하게 되거나, 관청 내부의 비밀스러운 직무 수행과 관계하게 된다.

❖ 스쿠버다이빙을 하는 꿈
자신의 잠재된 재능이나 자신도 모르는 자신의 내면에 대해 알고 싶은 생각이 꿈으로 나타난 것이다.

❖ 암벽 등반을 했는데 바위 전체가 여자 젖가슴이었던 꿈
젖가슴은 풍요로움을 표상하므로 이 꿈은 사업이나 추진하던 일 등이 번성하여 풍요로움을 누리게 될 것을 예시하고 있다.

❖ **야구공을 야구방망이로 시원하게 쳐내는 꿈**
   답답하던 일을 잘 처리하거나 어떤 통쾌한 일을 경험하게 될 것을 예시한다.

❖ **자신이 기계체조를 하는 꿈**
   자신의 재주나 능력·기술 등을 발표하거나 공개하게 되어 돈과 명예를 얻게 된다.

❖ **혼자서 신나게 운동하고 있는 꿈**
   아주 바쁘게 움직여 체력을 소모할 일이 생기며, 직장인이라면 승진하게 된다.

❖ **많은 운동선수가 모여 있는 꿈**
   싸움이나 시비·돌발적인 사고, 특히 교통사고 등을 당할 수 있다. 또는 내장 계통의 이상이나 병을 암시하고 있는 경우도 있으므로 조심해야 한다.

❖ **마라톤 선수가 되어 경기하는 꿈**
   오랜 시간 동안 많은 고민을 안고 사업을 경영하게 되고 이념투쟁으로 인하여 많은 고초를 겪게 된다.

❖ **마라톤에서 1등을 하여 사람들의 시선을 받는 꿈**
   사상이나 학술 또는 언론 분야에서 일하게 되거나, 사업이 발전하게 되고 직장에서 승진하게 된다. 이로 인해 명예와 재물을 얻게 된다.

❖ **이어달리기를 하는데 앞의 주자가 넘겨준 배턴을 쥐고 힘껏 달려 우승하는 꿈**

기업에서 후계자가 되거나 위대한 예술가의 문하생이 된다. 또한 단체나 개인사업·학문 등을 인수하게 되고 잘 운영해 나아간다.

❖ **구기 종목에서 자신이 결정적인 골을 넣는 꿈**

번창한 사업체를 경영하게 되거나 학문적인 논쟁 등에서 승리하여 성공을 거두게 된다.

❖ **축구공을 차 하늘 높이 떠오르는 꿈**

사회적으로 공을 세우고 공로를 칭찬받게 된다. 또한 우연한 기회에 자신이 능력을 과시하는 일이 생기고 성공하게 된다.

❖ **잘 모르는 사람과 공놀이를 하는 꿈**

자신이 하고 있는 일이나 주변생활 속 어떤 시빗거리가 생기고, 공과(功過)를 따질 일이 생기며, 사람들로부터 질시를 받게 된다.

❖ **운동경기를 하는데 반칙하는 꿈**

소망이나 욕구가 충족된다. 만약 반칙을 했는데도 심판이나 사회적인 제재를 받지 않았다면 자신이 바라는 것이 이루어진다.

❖ **날아오는 빈 병을 방망이나 손으로 깨뜨리는 꿈**
 야구선수가 이런 꿈을 꾸면 홈런을 날릴 수 있고, 일반인인 경우 통쾌하고 시원한 일이 생긴다.
❖ **응원단의 응원이나 함성이 너무 심하다고 느끼는 꿈**
 소음이 심한 정도에 따라 자신의 일이 난관에 봉착하게 되고 일이 어렵게 된다.

걷다 · 뛰다 · 오르다 · 떨어지다

❖ **암벽을 타고 오르다 자일이 끊어져 아래로 떨어지는 꿈**
 자신의 협조자나 협조 기관 등 우호적인 세력이 떨어져나가거나 직장을 잃게 된다. 또한 신분 · 직위 · 권세 등이 몰락한다.
❖ **좁고 구불구불한 길을 걷는 꿈**
 사업이나 추진 중인 일이 난관에 부딪혀 고전하게 되고 집안 살림이 어려워진다.
❖ **새로 닦인 길을 걷는 꿈**
 자신의 앞날이 만사형통할 길몽이다.

❖ **자신이 나무 위에 오르는 꿈**

직장인은 승진하고 사업가는 매출이 올라간다. 또한 학생은 성적이 올라가는 등 어떤 일이든 상승세를 타게 되는데, 나무에 올라간 만큼 일이 이루어진다고 보면 된다.

❖ **높은 산꼭대기에 오르는 꿈**

현실에서 어렵고 지난한 일에 매달려 있는 것을 나타내지만, 장차 크게 성공하게 되니 포기하지 말라.

❖ **바닷가 낭떠러지에서 떨어지는데 무서움이 아닌 짜릿한 기분과 함께 즐거움을 느끼는 꿈**

과감하게 시작한 사업이나 일이 성공하게 될 것을 예시하는 꿈이다. 혹은 유흥장소나 공공장소에서 우연히 좋은 인연을 만날 수 있다.

❖ **자신이 지붕 위에 올라서 있는 꿈**

지위·신분 등이 강등당하거나 자신이 맡은 일에서 손을 떼게 되며, 외로운 처지에 놓이게 된다.

❖ **절벽을 타고 올라가는 꿈**

힘든 난관에 봉착하게 될 것을 예시한다. 그러나 그 절벽을 무사히 올라간다면 어떤 어려운 일을 성취해내게 될 것이다.

❖ **땅에 떨어지면서 머리를 다치는 꿈**
  새로운 일이나 새로운 계획·새로운 사업을 시작하게 되거나 시작하라는 어떤 메시지이다.

❖ **잘 다듬어진 큰길을 걷는 꿈**
  사업이나 일이 잘 진행될 것임을 예시한다.

❖ **험한 길을 걷는 꿈**
  자신의 일이나 사업에 고통이 따르고, 불운하여 우여곡절을 겪게 된다.

❖ **목적도 없이 무작정 걷기만 하는 꿈**
  일이나 사업이 언제 성취될지 모르며, 환자인 경우에는 병이 오래 간다.

❖ **지팡이를 짚고 걷는 꿈**
  협조자나 협조 기피자와 더불어 일을 진행시키게 된다.

❖ **붙잡기 위해 쫓는 꿈**
  소원이나 계획한 일을 급하게 추진하지만 결과는 얻지 못한다.

❖ **마음은 급한데 도무지 걸음이 걸리지 않는 꿈**
  마음만 초조하며 어떤 곳에 부탁한 일이 잘 진행되지 않아 안타까워할 일이 생긴다.

- ❖ 식구가 아닌 다른 사람이 자신의 집에서 나가는 꿈
  부담감이 해소되거나 자기를 잘 따르거나 부탁을 들어줄 사람이 생긴다.
- ❖ 경기에서 일등을 하고 승리감·쾌감·희열 등을 느끼는 꿈
  소원이나 일이 성취되어 만족감을 체험한다.
- ❖ 상대방에게 일을 저지르거나 무서워서 쫓기는 꿈
  어떤 일을 행함에 있어 불안·초조·좌절 등을 체험한다.
- ❖ 집이나 담·나무 등의 장애물을 단숨에 뛰어넘는 꿈
  목적을 달성하거나 고통에서 해방된다.
- ❖ 누군가에게 쫓기는데 붙잡히지 않고 무사히 도망치는 꿈
  현실에서 사업이 난관에 부딪히고 생활이 어렵겠지만, 시간이 지나면 누군가의 도움으로 좋은 일이 생길 것을 예시한다.
- ❖ 누군가에게 쫓기고 쫓겨서 높은 곳으로 도망치는 꿈
  사업이나 추진 중인 일·학업 등에 권태와 어려움이 따르게 되므로 심기일전하고 지속적인 노력이 필요할 때이다.

❖ **떠오르는 달을 한 아름에 잡으려고 달려간 꿈**
사업을 시작하여 조만간 성공하게 될 것을 뜻한다. 그로 인해 명예와 권리 등을 획득하게 된다.

❖ **혼자 험한 산길을 걷다가 맛있는 나무 열매가 있어 따먹는 꿈**
현실에서 고통에 찬 길을 헤쳐 나가고 있지만, 언젠가는 그 길을 무사히 통과하여 좋은 결실을 맺음으로써 행복해지게 된다.

소리

❖ **맑은 하늘에서 뇌성이나 우렁찬 목소리·폭음 등이 들리는 꿈**
크게 명성을 떨치거나 소문날 일이 생긴다.

❖ **지진이나 화산 폭발·총성 등의 소리를 듣는 꿈**
사회적으로 명성을 떨치거나 소문날 일이 생긴다.

❖ **어디선가 들려오는 소리가 가냘프고 작은 꿈**
누군가와 다툴 일이 생기며, 은밀한 사건이 일어났다가 조용히 끝나게 된다.

❖ 멀리서 짐승이나 사람의 소리가 들려오는 꿈
  먼 곳에서 소식이 들려오거나 오랜 시일이 경과한 뒤에 사건의 진상이 밝혀진다.
❖ 자신이 살려달라고 악을 쓰거나 비명을 지르는 꿈
  크게 명성을 떨치거나 소문날 일이 생겨 감동받을 일이 있다.
❖ 누군가 고통으로 신음소리를 내는 것을 듣는 꿈
  자신과 관계된 어떤 일이 크게 성취되어 많은 사람들이 감명을 받게 된다.

앉거나 눕다

❖ 어딘가를 걷다가 길가에 앉아 쉬는 꿈
  사업이나 일이 중단되어 기다리게 되고, 어떤 한 일자리에 한동안 머무르게 될 것이다.
❖ 자기의 머리 위로 다른 사람이 다리를 뻗고 누워 있는 꿈
  경쟁적인 일이나 같은 목적을 가진 일에서 상대방에게 패하게 된다.

❖ **자기가 누운 발아래에 누가 앉아 있는 꿈**
어떤 소원이 다른 사람의 방해로 이루어지지 않는다.
❖ **어떤 의자에 앉는 꿈**
부서에서 책임자가 되거나 취직·입학 등이 결정된다. 반대로 의자에 앉지 못하는 꿈이라면 직장에서 면직되거나 입시·취업 등에 떨어지게 된다.
❖ **상대방의 무릎 위에 머리를 얹고 누워 있는 꿈**
상대방에게 모든 것을 의지해서 기다리거나 기관이나 어떤 곳에 해둔 청원이 조만간 이루어지게 된다.

폭력·경쟁

❖ **상대방에게 매를 맞는 꿈**
만족할 만한 호평을 받게 되거나 다른 사람으로부터 공격이나 비난받을 일이 생긴다.
❖ **상대방에게 매를 맞아 상처를 입는 꿈**
자신의 사업이 다른 사람의 비판을 받거나 그 반대로 세상에 공인된 업적을 남기게 된다. 그러나 상처에서 피가 났다면 정신적·물질적인 손실을 보게 된다.

❖ **상대방을 때리는 꿈**

시비나 공갈·협박·야유·비평 등으로 상대방을 곤경에 몰아넣거나 평가할 일이 생긴다.

❖ **꽃밭이나 꽃송이가 짓밟힌 것을 가만히 보는 꿈**

가문이 욕되거나 명예가 손상될 일이 생긴다.

❖ **상대방을 짓밟고 때리는 꿈**

어떤 세력을 억압하거나 항복시킬 일이 생긴다.

❖ **동물을 때리거나 걷어차는 꿈**

임산부라면 유산에 주의해야 한다.

❖ **따라오는 강아지가 귀찮아서 발로 차 쫓아버리는 꿈**

사업이나 추진하던 일, 생활에서 거치적거리거나 방해되는 사람·일 등을 물리치게 된다.

❖ **따라오는 여성을 밀어 뒤로 넘어지게 한 꿈**

어떤 교활한 친구를 설득시켜 자기주장에 동조시킬 일이 생긴다.

❖ **길을 가다가 넘어지는 꿈**

신분이나 지위 등이 몰락하게 될 것을 예시한다.

❖ **쓰러진 사람을 자신이 일으켜 세워주는 꿈**

모처럼 마음에 드는 일을 맡았으나 상대방의 방해로 잘 이루어지지 않는다.

❖ **물건이나 나무 등이 쓰러진 것을 일으켜 세우는 꿈**
침체되고 몰락 상태에 있던 사람이나 사업이 재기된다.

❖ **자신이 적진을 점령하는 꿈**
계획하던 일이나 소원 등이 성취될 길몽이다. 미혼이 이런 꿈을 꾸었다면 연적을 물리치고 사랑하는 사람과의 결혼에 성공하게 된다.

❖ **전쟁 중에 군대의 행렬을 보는 꿈**
어떤 일에 있어 목적이나 뜻이 크게 달성될 것을 예시한다.

❖ **전쟁이 일어나 비행기가 폭격하는 가운데 많은 사람들이 도망을 가면서 아우성치는 것을 보는 꿈**
생각지도 못한 재물이나 재산이 손실될 것이다. 혹은 구설에 휘말리거나 망신을 당할 일이 있다.

❖ **자신이 주먹으로 누군가를 때리는 꿈**
불화하던 부부는 다시 서로 화합하게 되고, 미혼 남녀는 결혼하게 된다.

❖ **싸움을 하다가 자신이 상대방을 물어버리는 꿈**
사업이나 추진 중인 일이 호전되어 많은 이익을 내게 될 것이다.

❖ **누군가가 자신에게 호통치는 꿈**

 누군가에게 복종하거나 내키지 않지만 그의 지시에 따라야만 하는 일이 생긴다. 또한 하는 일이 순조롭지 못하다.

❖ **자신이 칼로 적을 찌르는 꿈**

 지위나 신분 등이 상승되며, 어떤 일이 시원스럽게 이루어지거나 통쾌한 일이 생기게 된다.

❖ **전쟁에서 승리하는 꿈**

 사업이나 추진 중인 일·소원 등이 성취된다. 반대로 전쟁에 패했다면 사업이나 어떤 일 등이 실패로 돌아가게 된다.

❖ **자신이 선전포고문을 낭독하는 꿈**

 사업계획서나 아이디어 기획안 등을 발표할 일이 생긴다.

❖ **자신이 속한 편이 적진을 점령하는 꿈**

 계획 중인 일이나 소원이 크게 성취될 것을 예시하는 꿈이다.

❖ **누군가와 칼싸움을 하는 꿈**

 누군가와 언쟁을 하거나 논쟁을 하게 된다. 혹은 사업이나 일이 어려움을 겪게 된다.

❖ **싸움이나 전쟁 등에서 승리하여 기쁨을 느끼는 꿈**
 추진 중이던 일이 성공하거나 평소 바라던 일·소원이 이루어져 만족감을 느끼게 된다.
❖ **싸움이나 전쟁 등에서 패배하여 괴로움을 겪게 되는 꿈**
 사업이 실패하거나 추진하던 일 또는 경쟁 등에서 일 처리가 제대로 되지 않아 굴욕감이나 불쾌감 등을 느끼게 된다.
❖ **현시에서 라이벌 관계에 있는 상대방을 시기하고 질투하는 꿈**
 불쾌감을 느끼게 되고 어떤 일에 있어 불만이나 불안·패배의식 등을 갖게 된다.

성교·욕망

❖ **유부녀와 간통하는 꿈**
 남의 일에 간섭할 일이 생기고, 그 일이 자신에게 이롭게 작용하여 성공하게 된다.
❖ **결혼 전의 애인과 성교하는 꿈**
 오랫동안 끌어온 어떤 일이 성취될 것을 예시한다.

❖ **미술관에서 나체화를 보고 성적 충동을 느끼는 꿈**
　어떤 사람의 개인적인 문제나 내용을 알게 되어 화를 낼 일이 생긴다. 혹은 어떤 작품 등을 보면서 불쾌감을 느끼게 된다.

❖ **자신을 뒤에서 안고 남자들이 번갈아 성교하는 꿈**
　명성과 권력 욕심 때문에 동업자와 경쟁하게 될 것이다. 혹은 잠시 풍상과 고난이 따르지만 결과는 성공이나 승리를 쟁취하게 될 것이다.

❖ **이성과의 육체관계에서 만족한 성교를 하는 꿈**
　계획 또는 추진하던 일이 만족스럽게 처리되거나 뜻밖의 일로 생각지 못했던 돈이 생긴다.

❖ **이성과의 성교가 실패한 꿈**
　계획하던 일이 미수에 그치거나 불만족스럽게 진행된다.

❖ **많은 사람이 지켜보는 가운데 이성과 성교하는 꿈**
　여러 사람의 관심을 집중시키는 일을 계획하여 성취한다. 이로 인해 명성을 얻게 된다.

❖ **이성과 강제로 성교하는 꿈**
　어떤 일을 강압적으로 성취하지만 양심의 가책을 받게 된다.

❖ 이성과 성교하고 있는데 누군가의 등장으로 중단하는 꿈
  계획했던 일이 누군가의 방해로 이루어지지 않는다.
❖ 여성이 누군지도 모르는 남성과 성교하는 꿈
  남편·자식·자신의 일이 성취되어 재물을 쌓게 되고 집안에 기쁨이 있게 된다.
❖ 부부간에 성교하는 꿈
  집안일이 잘 이루어지고 추진되던 일이나 소원들이 이루어진다. 또한 사업상의 계약이 성립되기도 한다.
❖ 성교를 할 때 상대방의 성기가 두드러지게 돋보이는 꿈
  여성이 이런 꿈을 꾼다면 관심을 보였던 분야에서 자신의 장점이 돋보이게 된다.
❖ 헤어진 사람과 다시 만나 성교하는 꿈
  오랫동안 계획해 왔던 일이나 보류했던 일, 단념할 수 없는 일에 다시 착수하게 된다.
❖ 자신이 알고 있는 어떤 사람이 성교하는 것을 보는 꿈
  다른 사람이 하는 일에 관여하게 되거나 자기 일에 남이 관여하여 불만을 느끼게 된다.
❖ 신령적인 존재와 성교하는 꿈
  모든 사람이 우러러보는 일을 성취시켜 돈과 명예·명성을 쌓게 된다.

❖ 자기가 사정한 것을 보는 꿈
물질적으로 많은 소비를 하게 되고 정신적으로 고통을 당하여 체력의 소모가 따르는 일을 하게 된다.

❖ 동물과 성교하는 꿈
꿈속에서의 동물은 사람이나 재물·명예·권세·일·작품 등을 상징하는 것이다. 이 꿈은 그 동물이 상징하는 것과 관련하여 재물을 모으거나 권세를 얻게 되며 일이나 작품 등이 성공하게 된다.

포옹·키스

❖ 사랑하는 사람과 포옹하는 꿈
벅차고 어려운 일이 생겨 고민하게 된다.

❖ 동성 간에 포옹하는 꿈
상대방과 의견이 맞아떨어져 함께 일을 처리하게 된다.

❖ 자신이 누군가에게 안기는 꿈
어려운 상황이 되어 자비를 구하거나 사랑하는 사람에게 구애할 일이 생긴다.

❖ **인형이나 장난감 등의 물건을 안는 꿈**
자신이 진행하던 일을 책임지고 추진하며 재물을 모으게 된다.

❖ **누군가와 키스하는 꿈**
꿈속의 상대방에 대한 소식을 듣게 되거나 그 사람의 속마음을 알게 된다. 또한 미혼이라면 상대방으로부터 사랑고백을 듣게 될 것이다.

❖ **상대방이 아무 말도 없이 자기를 유심히 바라보는 꿈**
낯선 사람을 만나게 되지만 금방 가까운 사이로 발전하게 된다.

❖ **낯선 사람을 우연히 만나지만 햇빛이나 불빛 등이 너무 강해 얼굴이 잘 보이지 않는 꿈**
낯선 사람을 만나 그 사람의 정열·총명·세력·능력 등에 압도당하게 된다.

❖ **이성의 윙크를 받아 마음이 설레는 꿈**
자신이 관계하는 일에서 누군가의 계략이나 모함에 빠지거나, 명예를 손상당할 일과 관계하게 된다.

❖ **애인과 열렬히 키스하여 만족스러운 감정을 느끼는 꿈**
애인에게서 기쁜 소식을 듣게 되거나 사랑의 고백을 받는다. 혹은 결혼 승낙을 얻는 등 좋은 소식이 온다.

❖ **어떤 사람과 오랫동안 키스하는 꿈**
  자신이 관심을 갖고 있던 상대방을 잘 알게 되어 깊은 관계로 발전하게 된다.
❖ **상대방과 인사로 키스하는 꿈**
  상대방에게 어떤 맹세를 하게 하고 자신과 관련된 권리나 이득에 대하여 굴복하게 된다.

죽음

❖ **전염병 환자가 자기 방으로 들어오려는 것을 막다가 결국 그의 목을 누르며 싸우다 죽여버린 꿈**
  현실에서 자신이 대하기 가장 어려운 상대를 누르고 승리하며 일을 성취시키게 될 것을 예시한다. 또는 전도사나 방문 판매원 등의 끈질긴 설득을 물리치는 일로 실현될 수 있다.
❖ **자신이 아는 어떤 사람이 죽었다가 다시 살아나는 꿈**
  사업이나 어떤 일이 일시적으로 성사되는 듯하다가 수포로 돌아가게 되지만, 결국 어려운 난관을 거친 후 다시 일이 성사될 것을 예시한다.

❖ **자신이 죽었다고 온 집안사람이 통곡하는 꿈**
　죽은 자신은 현실에서 사업체나 일거리 등 성취시켜야 할 일의 대상을 의미한다. 이러한 일이 성공하여 온 식구가 기뻐하고 소문낼 일이 생기게 된다.

❖ **절에 갔다 오는 도중에 사람들이 차례로 죽고 자신이 죽을 차례에서 잠이 깨는 꿈**
　기관이나 회사·학원·연구기관 등을 통해 일이나 사업 등이 성사되고 재물이나 이권·권리 등을 획득하게 됨을 예시한다.

❖ **낯선 사람이 쏜 권총을 자기가 이마에 맞고 죽는 꿈**
　꿈속에서 자신이 죽는 꿈은 최대의 길몽이다. 사업이나 학업·시험·승진 등이 성취되고 큰 횡재수를 예시하기도 한다. 한 번쯤 복권을 구입하는 것도 좋을 것이다.

❖ **짐승이나 곤충 등 자연의 생명체를 죽이는 꿈**
　지지부진하던 어떤 일이 성취되어 마음의 짐을 벗게 된다.

❖ **전쟁을 하는 중에 적군을 한 사람도 죽이지 못하는 꿈**
　사업이나 추진 중인 일이 순조롭게 처리되다가 어떤 난관에 부딪히면서 어려운 상황에 빠지게 된다.

제4장 인간의 행동에 관한 꿈

❖ **어떤 사람이 낯선 누군가를 죽이는 것을 보는 꿈**
다른 어떤 사람의 일로 인해 자신의 일이 간접적으로 성취되게 된다.

❖ **자신이 사람을 죽인 후 자신의 정당성을 주장하는 꿈**
추진 중인 일이나 계획한 일이 목표를 달성하게 되나 주위사람들로부터 그 성과를 인정받지 못하게 될 것이다.

❖ **사형수를 만나 그를 죽이는 꿈**
합격품을 판매 또는 처분하는 일을 맡게 되거나 어떤 시험의 합격자들을 배치하는 업무를 맡게 된다.

❖ **독약을 먹고 스스로 자살하는 꿈**
어떤 과학적인 방법을 통해 자신이 잘 알지 못하던 분야를 알게 되거나 사상이나 이념적으로 어떤 영향을 받아 일을 성공시키게 된다.

❖ **지신이 큰 병에 걸려 수술받거나 병원에서 죽는 꿈**
집을 사고팔 일이 생기거나 집안 누군가의 결혼이 성사되며 새로 사업을 시작하게 되거나 작업 중인 작품이 완성된다.

❖ **평소에 친하게 지내던 상대방이 죽었다고 생각되는 꿈**
어떤 일이 성사되어 물질적으로 도움을 받게 된다.

❖ **자기가 죽어서 영혼이 되었다고 생각하는 꿈**

계획하고 추진하던 사업이 이루어지고 많은 돈을 벌게 된다.

❖ **누군가로부터 권총·칼 등에 의해서 살해된 꿈**

자신에게 어려움이 닥치고 남의 힘에 의해서 적절한 방법이 적용되며 일이 이루어진다.

❖ **사람을 우연히 죽이게 되는 꿈**

평소 자신에게 벅차다고 생각되던 일이 이루어지고 꼭 성사되어야 할 일이 생각보다 쉽게 이루어진다.

❖ **부모가 죽어서 통곡하거나 슬퍼하는 꿈**

유산을 받게 되거나 어려운 상황에 있던 작품이나 사업·일 등이 성취된다.

❖ **아는 사람이 죽었다는 부고를 받는 꿈**

좋은 학교의 입학 통지서나 경쟁률이 심한 회사로부터 합격 통지서 등을 받게 된다. 또는 현실에서 부고를 받을 수도 있음을 예시한다.

❖ **자신과 가까운 사람을 무자비하게 죽이고 통쾌해하는 꿈**

추진하던 어떤 일이나 계획이 가볍게 이루어지고 어렵게 발생한 사건이 통쾌하게 처리된다.

❖ **자신과 가까운 사람이나 동물을 죽이고 양심의 가책을 받아 불안한 느낌을 받는 꿈**
어떤 일을 성취하더라도 뒤처리를 잘하지 못해 상대방이 자신을 불신하게 된다.

❖ **자신을 해치려고 덤벼드는 적을 죽이는 꿈**
사업이나 일에 있어서 거치적거리던 일이 해결되어 힘든 일을 무난히 성취시킬 수 있게 된다.

❖ **자신도 알지 못하는 누군가를 죽이는 꿈**
갈등을 일으키던 일에 대해서 아무런 거리낌 없이 일을 처리하게 되고 뒤처리도 깨끗이 해결된다.

❖ **싸움을 하다가 자신의 칼에 두 사람이 동시에 죽는 꿈**
어떤 일을 처리하는데 그 결과로 두 가지 일이 한꺼번에 성사될 것을 예시한다.

❖ **사납고 큰 동물이 달려드는 것을 단칼에 죽이는 꿈**
평소 고민하던 일이나 사건 등이 시원스럽게 처리되고, 임산부인 경우 태아가 유산되거나 요절하게 됨을 예시한다.

❖ **평소 친하게 지내던 사람이 죽어 유품을 보내오는 꿈**
누군가로부터 귀중한 물품을 받거나 저서 등을 배달받게 된다.

❖ **자신이 경찰이 되어 살인자를 찾아다니는 일을 하는 꿈**
  관계기관이나 협조단체의 도움으로 자신의 일이 성사되어 감사의 마음을 전한다.

❖ **차를 운전하던 중 사람을 치어 죽이는 꿈**
  직장에서 다른 사람의 도움을 받아 과학적인 방법으로 일을 성사시키고 그 공로를 치하받는다.

❖ **자기가 남에게 억울하게 죽임을 당하는 꿈**
  추진 중이던 일이나 사업이 다른 사람의 손으로 넘어가 그 사람의 힘과 재력·능력으로 성사되게 된다.

❖ **자기의 시체 옆에서 또 하나의 자기가 자기 시체를 내려다보고 있는 꿈**
  평소 이루고 싶었던 소원이나 어떤 일이 이루어지고, 예술가라면 오랫동안 공들여온 예술품이 완성된다.

❖ **자신이 자살하는 꿈**
  지금까지 하고 있던 일을 그만두고 새로운 일에 착수하여 성공하게 된다.

❖ **위험한 처지에 놓인 사람을 살려주는 꿈**
  현실에서도 어려운 사람을 도와줄 일이 생기거나 어떤 일을 추진함에 있어 주위 사람들이 고통스러워할 일이 생긴다.

❖ 죽음 직전에 살려달라고 애원하는 적을 살려주는 꿈
자신에게 몸과 마음으로 해를 끼친 사람을 용서하거나, 자신이 다른 사람의 잘못에 대해서 연대책임을 지게 된다.

큰절 · 장례 · 제사

❖ 현실에서 중병환자가 큰절을 받는 꿈
병이 악화되거나 죽을 것을 예시한다.
❖ 윗사람이 자신에게 절하는 꿈
현실에서도 윗사람이 자기에게 어떤 일을 청탁해 오거나 자기에게 의지하려고 할 것이다.
❖ 누군가에게 절을 했는데 받지 않고 외면해 버리는 꿈
소원이나 추진하던 일 등이 난관에 부딪히게 된다.
❖ 자신이 하늘을 향해 절하는 꿈
자신보다 능력이나 배경 등이 좋은 사람에게 어떤 일을 청탁하게 되고, 청탁한 일은 잘 이루어지게 된다.
❖ 부부가 서로 맞절하는 꿈
부부간에 상처하게 되거나 이혼할 수 있다.

❖ 누군가에게 큰절을 하는 꿈

자신의 일신에 큰 변화를 바라는 현실의 바람이 표출된 꿈이거나 누군가에게 크게 청탁할 일이 생길 것을 예시한다. 만약 꿈에서 절을 받은 사람이 아무 행동도 하지 않았다면 큰 혜택이 돌아오게 되지만, 상대방이 빙그레 웃었다면 청탁하거나 보상받을 일에 있어 불쾌감을 느끼게 될 것이다.

❖ 누군가의 시신 앞에서 어떤 사람과 함께 곡하는 꿈

자신의 명예나 이권·재산·지위 등을 누군가가 노리고 있음을 암시하고 있는 꿈이다.

❖ 제사 지내는 것을 보는 꿈

사업이나 일과 관련하여 관계기관에 청탁할 일이 생기거나 다른 사람의 일을 관계기관에 청탁할 일이 생긴다.

❖ 제사를 지내는 꿈

소원이나 일 등을 윗사람이나 선배 또는 권력층에 있는 사람에게 청탁해서 이루게 된다. 혹은 좋은 일거리를 얻게 된다.

❖ 자신이 상복을 입거나 장사를 지내는 꿈

지위·신분·명예 등이 상승하게 될 길몽이다.

❖ 먼 조상의 제사상에 술을 부어 헌작하는 꿈
　사업이나 일·가정형편 등이 어려워지지만, 관련 기관이나 힘 있는 자의 도움으로 잘 풀리게 된다.
❖ 경건한 마음으로 술잔에 첨작하는 꿈
　일을 추진하기 위해 동분서주하게 된다. 혹은 사람들로부터 칭찬을 받게 된다.
❖ 지방이나 영정이 있는 것을 보는 꿈
　현실에서 힘겨운 상황에 부딪히게 되지만 자신을 도와줄 사람을 만나 가까스로 일을 모면하게 된다.
❖ 제사를 지내며 자신이 축문을 읽거나 염불 또는 찬송하는 꿈
　많은 사람들에게 감동을 주게 되거나 어떤 일을 선언 또는 선전하여 자신을 알릴 일이 있게 된다.
❖ 누군지 모르는 사람이 죽은 상황에서 자신이 우는 꿈
　사업이나 추진하고 있는 일에 성과가 있을 것이다. 또는 많은 사람에게 광고가 되어 돈과 명예를 얻고 기뻐할 일이 생긴다.
❖ 많은 사람들이 모여 시제를 지내는 꿈
　정부 혹은 관련 기관·권력층 등에 집단적으로 건의나 요청할 일이 생긴다.

❖ **조상의 산소를 찾아서 성묘하는 꿈**

자신의 힘만으로는 벅찬 일이 생겨 협력자나 유력자를 만나 도움을 청하게 되며 그들의 도움으로 일이 이루어진다.

❖ **자기 집에 모르는 상여가 놓이는 것을 보는 꿈**

자기 집에서 치러지는 초상은 자신의 직장 또는 사업의 성사를 의미한다. 추진하던 일이나 사업이 잘 풀려 많은 돈을 벌게 되고 사람들에게 소문이 나게 된다.

❖ **잘 아는 사람의 집에 초상난 것을 보는 꿈**

꿈속의 사람과 동일시할 수 있는 집에 잔치가 있거나 그 사람의 사업이 크게 성공하여 사람들 입에 오르내리게 될 것을 예시한다.

❖ **자신이 상주가 되어 상복과 굴건을 하고 상장을 짚고 있는 꿈**

앞으로 크게 성공하여 물질적·정신적으로 풍요로운 삶을 살게 된다.

❖ **자신뿐만 아니라 상제가 여러 명 있는 꿈**

자신이 받아야 할 권리를 빼앗기게 되거나 유산을 분배해야 할 일이 생긴다.

❖ **자신이 상복을 입고 있는 꿈**

유산을 상속받게 되거나 결혼하게 된다. 사업가는 사업이 번창하고 기혼 여성은 남편이 출세하게 된다.

❖ **남편이 죽어 상복을 입는 꿈**

집안에 바라던 일이 성사되고 많은 돈을 벌게 되어 가정이 행복해진다.

❖ **장례식에 찾아가 상제에게 절하는 꿈**

소망하는 일이 이루어지거나 추진하던 일이 잘 풀리게 된다. 그러나 만약 상제와 맞절하는 꿈이었다면 소원이 이루어지지 않는다.

❖ **장례식에 참석하여 조의금을 내는 꿈**

사업이 어려움에 처하게 된다. 뿐만 아니라 그 일과 관련하여 기관이나 관청 등에 청탁을 할 일이 생긴다.

❖ **상여 앞에 만장이 많이 있는 것을 보는 꿈**

사업이 술술 풀리고 어떤 일에 업적을 쌓겠다. 예술가라면 훌륭한 작품을 세상에 크게 알려 명성을 떨치고, 많은 돈을 벌게 된다.

❖ **장의차가 자신의 집 대문으로 들어와 있는 꿈**

사업상 관계를 맺고 있는 기관과 재정적으로 의논할 일이 생긴다.

❖ 길을 걷다가 질주해 오는 장의차를 보고 놀라는 꿈
　추진 중인 사업이 순조롭게 잘 진행되어 돈을 벌게 되고 사업체를 옮기거나 이사하게 된다.
❖ 장례식에서 사람들이 떼 지어 곡하는 것을 보는 꿈
　여러 사람의 시비에 말려들어 싸우게 되고 불쾌해진다.
❖ 장송곡을 듣고 있는 꿈
　자신이 아는 사람의 결혼식장에 참석하게 되거나 경사가 생겨서 소문날 일이 생긴다.

날다

❖ 비행기를 타고 하늘을 나는 꿈
　어떤 기관이나 회사의 혜택을 입어 출세하게 된다.
❖ 누군가에게 쫓기다 하늘 높이 날아 도망치는 꿈
　현실에서의 어려운 일·고민을 잘 해결하게 된다.
❖ 애인의 손을 잡고 함께 하늘을 나는 꿈
　미혼인 경우 혼담이 이루어지고, 사업가는 사업이 뜻하는 대로 잘 경영되어갈 것이다.

수영

❖ **어떤 동물이 강이나 바다에서 헤엄치는 것을 보는 꿈**
자기 일이 어느 기관에서 잘 운영되고 있음을 뜻한다.
❖ **더러운 물에서 수영하는 꿈**
누군가의 나쁜 유혹에 빠지게 되거나 질병에 걸릴 수 있으니 조심해야 한다.
❖ **옷을 입은 채로 수영을 하는 꿈**
분수에 넘치는 일은 삼가라는 경고 메시지이다. 모든 일에 있어 분수를 지키면 행운이 올 것이다.

노래 · 연주 · 악기

❖ **나지막한 언덕 아래에서 자신이 노래하는 꿈**
뜻밖의 사고로 인해 부모를 잃게 되는 등 곡할 일이 생기게 되는 불길한 꿈이다.
❖ **대중 앞에서 노래하는 꿈**
자신의 사상을 피력하거나 선전 · 호소할 일이 생겨 명성을 떨치며 사람들을 따르게 할 일이 생긴다.

❖ **악기를 두드리거나 연주하는 꿈**
   어떤 사람 또는 기관을 통해 소기의 목적을 달성시키게 된다.
❖ **신나게 피아노를 쳐서 멜로디가 울려 퍼지는 꿈**
   사업이나 일 등이 충족되거나 명성을 떨치게 된다.
❖ **아무도 없는 빈 공간에서 혼자 노래하는 꿈**
   어떤 사상을 세상에 알리게 된다. 또는 자신이 짝사랑하던 상대에게 사랑을 고백하여 상대방이 자신을 따르게 된다.
❖ **자신이 알고 있는 어떤 사람이 노래하는 것을 듣는 꿈**
   꿈속의 그 사람이 자기에게 뭔가를 부탁하거나 납득시키려 하며, 잘난 척하여 불쾌한 체험을 하게 되고, 예상하지 못했던 일이 생겨 시간을 낭비하거나 주위에서 슬픈 일이 생겨 동정할 일이 생긴다.
❖ **산 정상에서 상쾌한 기분으로 흥겹게 노래하는 꿈**
   자신의 이익을 위해 자기를 알릴 일이 생기게 된다. 또는 성공하게 되고 권세와 명예를 떨치게 된다.
❖ **반주에 맞추어 자신이 흥겹게 노래하는 꿈**
   자신이 소속되어 있는 단체나 주위의 어떤 사람을 대신하여 대변자나 중개인 노릇을 할 일이 생긴다.

❖ **자신이 유명한 가수가 되어 큰 무대에서 노래하고 청중으로부터 열렬한 박수갈채를 받는 꿈**
많은 사람들 앞에서 연설하거나 예술가인 경우 대중 앞에 공개하여 명성을 떨치게 된다.

❖ **자신이 작곡하여 세상에 알리는 꿈**
그동안의 침체기를 벗어나 새로운 사업계획이나 작품 등을 구상하게 된다.

❖ **자신이 합창단의 일원이 되어 큰 무대에서 합창하는 꿈**
자신의 주변에서 불의의 사건이 일어나 집단적으로 공동성명이나 시위 등을 하게 된다. 만약 자신이 공연장에서 합창단의 합창을 듣는 꿈이었다면 자신에게 정신적·실질적으로 영향을 미치는 어떤 단체의 압력이 강해서 혼란이 생길 것이다.

❖ **자기 곁에서 아내나 애인이 노래하는 꿈**
상대방과의 사이에 불평과 오해가 생겨 서로의 마음을 상하게 할 일이 생기니 서로 배려해 주는 마음이 필요하다.

❖ **자신이 아는 사람과 춤을 추며 노래하는 것을 보는 꿈**
서로 다른 견해를 가지고 있던 상대방과 시비할 일이 있게 되거나 갑작스러운 어려움이 생긴다.

❖ **많은 사람들이 모여 있는 장소에서 시를 낭독하는 꿈**
시의 내용에 따라서 암시하는 어떤 일을 공개하게 되거나 자신의 사상을 피력할 일이 생긴다.

❖ **악기를 두들기거나 연주하는 꿈**
추진 중이던 계획이나 어떤 일을 누군가의 도움을 받아 목적을 달성시키게 된다.

❖ **농악을 구경하면서 흥겨워하는 꿈**
자신의 일에 대해서 사람들에게 알리거나, 명성을 떨칠 일, 자신의 욕구를 충족시킬 만한 일이 생긴다.

❖ **자신도 모르는 곳에서 피아노를 보고 건반을 두드리자 소리가 나는 꿈**
자신의 잘못이나 실수로 인해 헤어졌던 애인이나 배우자를 다시 만나거나, 완고하여 말도 통하지 않던 사람을 설득하여 반응을 얻게 된다.

❖ **바이올린 · 거문고 등 현악기를 얻는 꿈**
다른 사람의 도움으로 사랑이 순조롭게 이루어진다.

❖ **자신이 북을 치는 꿈**
상대방이나 관련 기관을 자신의 뜻대로 움직이게 되고, 꿈속에서 북소리가 멀리 울려 퍼질수록 큰일을 이루어 세상에 명성을 떨치게 된다.

❖ **스님이 자기 집 대문 앞에서 꽹과리를 두들기며 서 있는 것을 보는 꿈**
가문을 빛낼 사람이 태어나거나 큰 사업을 벌이게 된다. 또한 획기적인 일이 일어나 신문이나 잡지에 대대적으로 광고할 일이 생긴다.

❖ **자기가 나팔을 불면서 행진하는 꿈**
상대방을 움직여 자기의 뜻대로 일을 추진시키고, 권세를 얻어 명성을 떨치거나 소문낼 일이 생긴다.

감정

❖ **자신이 크게 우는 꿈**
앞으로 기쁜 일이 생길 길몽이다.

❖ **자신이 어떤 사람들과 함께 슬프게 우는 꿈**
집안에 경사가 생겨 많은 사람들과 기뻐하거나 축하객들의 방문을 받게 된다.

❖ **자신이 큰 소리를 내며 통곡하듯 우는 꿈**
명예롭거나 기쁜 일이 생겨 많은 사람들에게 크게 소문이 날 것이다.

❖ 사람들이 노래하며 춤추는 것을 보는 꿈
　구설수에 휘말릴 수 있으니 처신을 잘해야 한다.
❖ 누군가가 자신을 찾아와 슬피 우는 꿈
　집안에 우환이나 급작스러운 사고·사망 등 흉사가 생길 수 있으니 조심해야 한다.
❖ 상대와 마주보며 빙그레 웃는 꿈
　상대방과 다툴 일이 생겨 서로의 관계가 소원해지거나 누군가로부터 냉대를 받게 된다.
❖ 무언가 기쁜 일이 생겨 만족해하는 꿈
　어떤 기쁜 일이 생겨 행복한 생활을 하게 된다.
❖ 상대방과 서로 마주보고 우는 꿈
　그 상대방이 상징하는 어떤 인물이나 그 사람과 시비가 있겠지만 결국 다시 친한 사이로 돌아가게 된다.
❖ 누군가 자신에게 나쁜 말을 하여 불쾌해하는 꿈
　그 사람이 상징하는 누군가로 인해 또는 직장일로 인해 불쾌한 일을 경험하게 되거나 불만이 생기게 됨을 예시한다.
❖ 어떤 사람에 대해 자애로운 마음이 생기는 꿈
　상대방 또는 어떤 일로 인해 염려하는 마음이 생기거나 애착이 생기게 된다.

❖ **누군가에 대해 알 수 없는 공포감을 가지는 꿈**
　상대방이 관계된 어떤 사건이나 일 등으로 위험에 직면하게 되거나 불안한 상황에 놓이게 된다.
❖ **자신이 큰 죄를 지어 불안에 떠는 꿈**
　자신의 지위나 신분 또는 사업 등에 불안을 느끼고 있음을 나타낸다.
❖ **아무것도 보이지 않는 캄캄한 곳에서 무엇인가를 찾아 헤매는 꿈**
　학자나 연구원 등은 자신의 연구나 학문 등에 있어 부진을 면치 못해 불안한 상황에 놓이게 된다.
❖ **자신이 하고 있는 일에 대해서 고통스러워하는 꿈**
　사업이나 추진 중인 일이 어려워지고 직장인이라면 승진이 잘 되지 않아 고민하게 된다. 또한 학생은 진학이 어려워지는 등 여러 가지 면에서 고통받게 된다.
❖ **누군가 상대방이 나와는 다르게 기뻐하고 있는 것을 보는 꿈**
　운동경기나 경쟁적인 일에서 패배하게 되어 불쾌감을 맛보거나 그에 따라서 불만을 갖게 된다.
❖ **어떤 일에 있어 상대방과 함께 기뻐하는 꿈**
　상대방과의 교제에서 좋은 사이로 발전하게 된다.

❖ **탁 트인 장소에서 많은 사람들이 왁자하게 웃는 꿈**
여러 사람에게 비웃음을 당할 일이 있게 된다.

❖ **자신이 알고 있는 사람이 죽어서 슬퍼하는 꿈**
추진하고 있던 어떤 일이 성사는 되지만 자신의 의도와는 다르게 진행되어 다소 불만이 생기게 된다.

❖ **자신에게 닥친 어렵고 서글픈 신세를 한탄하면서 슬퍼하는 꿈**
신분에 불만이 있거나 직장에서의 일이 잘 되지 않고 사업이 어려워진다.

❖ **상대방이 슬퍼하는 것을 보는 꿈**
꿈속에서 그가 상징하는 어떤 사람의 신상에 불행한 일이 생기며, 그 일로 인해 자신도 마음으로 고통을 겪게 된다.

❖ **자신의 조상이 슬퍼하는 것을 보는 꿈**
집안의 가장이나 호주·직장 상사에게 불행이 닥치고 그 영향을 받아 어려움을 겪게 된다.

❖ **통쾌하게 웃는 꿈**
그동안 바라던 일이나 소원이 충족되고 근심이 해소되며, 기세를 떨쳐 다른 사람이 자신을 따르게 만들기도 한다.

❖ **상대방이 통쾌하게 웃는 것을 보는 꿈**
 계획하고 있던 일이 누군가의 흉계에 말려들거나 병에 걸리게 된다.

❖ **많은 사람들이 모인 공연장에서 청중과 함께 웃는 꿈**
 남과 시비를 하게 되거나 남을 혹평할 일이 있게 되어 다툼이 있게 된다.

❖ **아무 이유도 없이 시원스럽게 우는 꿈**
 기뻐하거나 만족할 일이 생긴다. 또한 소원이 성취되거나 좋은 일이 생겨 크게 소문날 일이 생긴다.

❖ **가족 중에 누군가가 죽어서 크게 우는 꿈**
 유산을 상속받아 돈이나 토지 등이 생기고 계획하던 일이 성사되어 물질적인 것을 얻게 된다.

❖ **슬픈 일에도 시원하게 울지 못하는 꿈**
 답답한 일이 생겨서 어려움을 겪게 된다.

❖ **누군가 자기 앞에서 서글프게 우는 꿈**
 꿈속의 그가 상징하는 사람에게 압도당하여 주눅들거나 그 사람으로 인해 불행한 일을 겪게 된다.

❖ **잘 모르는 여자가 흐느껴 우는 꿈**
 집안에 불길한 일이 생기고 신상에 좋지 않은 일이 생겨 어려움이 계속된다.

❖ **상대방이 큰 소리로 노래를 부르거나 흐느껴 우는 꿈**
  누군가가 자신에 대해 나쁜 소리를 하고 다니거나 여러 사람에게 모함하여 해를 끼치게 된다.
❖ **조상 중 한 분이 서글프게 우는 것을 보는 꿈**
  집안 또는 가장에게 불행한 일이 생김을 예시한다.
❖ **우는 어린아이를 달래느라 노심초사하는 꿈**
  사업이나 어떤 일을 수습할 수 없게 되어 난처하게 된다.
❖ **넓은 장소에서 사람들이 무리지어 우는 것을 보는 꿈**
  재산 분배나 유산 문제에 자신이 불리한 입장에 놓이게 되고, 권리 쟁탈에서 시비와 분쟁이 생긴다.
❖ **자신이 아는 사람의 시체 앞에서 우는 꿈**
  유산의 분배나 사업의 성과를 혼자 차지하게 된다.
❖ **아는 사람이 무표정하게 앉아 있는 것을 보는 꿈**
  그동안 걱정거리였던 그 사람으로 인해서 속을 썩던 일이 해결되고 근심이 사라진다.
❖ **뭔가를 해야 하는데 상대방의 냉정한 태도에 초조해하는 꿈**
  꿈과는 반대로 어떤 일에 함에 있어 흔들림 없이 좋은 방향으로 나가게 된다.

❖ **우울해하는 꿈**

　답답하고 걱정스러운 일이 생긴다.

❖ **자신의 몸에 오물 등이 묻어 불쾌감을 느끼는 꿈**

　누군가에게 망신당하거나 죄책감을 느낄 일 혹은 근심이나 걱정스러운 일 등을 겪게 된다.

❖ **신령이나 오래 전에 돌아가신 조상 등이 자애로운 표정으로 자신을 내려다보는 꿈**

　은인이나 협조자를 만나 큰 도움을 받게 된다.

❖ **이성을 만나 시원스럽게 욕정을 해소시키는 꿈**

　계획 중이던 어떤 일이 성사되어 만족감을 느끼게 된다.

❖ **어떤 사람을 미워하는 꿈**

　평소 알고 있는 어떤 사람이나 일로 인해 불쾌한 일을 겪게 되거나 애착심이 생기게 된다.

❖ **기차 · 자동차 등으로 여행하면서 편안함을 느끼는 꿈**

　사업이 안정되고 몸과 마음이 편안해지며 추진하던 일이나 소원이 성취된다. 반대로 길을 걷거나 비행 · 승차 등을 하는데 괜히 불안함을 느끼는 꿈이라면 사업이나 시험 등에서 고통을 느끼게 되고 위험 · 불안에 직면하게 된다.

❖ **누군가에게 쫓기면서 붙잡힐 것에 불안해하는 꿈**
　사업이 망하거나 시험에 떨어지고 취직이 되지 않으며, 혼담이 깨지거나 고통·불안 등을 경험하게 된다.
❖ **어떤 일에 화가 나서 큰 소리를 치거나 화를 내는 꿈**
　자신과 관계하던 상대방을 지배하게 되거나 소원이 성취된다.
❖ **어려운 상황에 처한 상대방을 불쌍하게 여겨 도와주는 꿈**
　어떤 일이나 사건으로 인해 자신이 불리해지고 피해를 입게 된다. 이로 인해 어려움에 처하게 된다.
❖ **어떠한 물건이나 이성이 아름답다고 느껴지는 꿈**
　유쾌한 일이 생기거나 예상하지 못한 일에 대해서 감동하거나 만족하게 된다.
❖ **사방이 절벽으로 가로막혀 암담해지는 꿈**
　바라던 소원이나 사업 등이 어렵게 되어 절망적인 상태에 놓이게 된다.
❖ **자신이 캄캄한 암흑 속에 있어서 답답함을 느끼는 꿈**
　기다리던 사람이나 소식 등이 감감무소식이다. 또한 사업이나 추진하던 일·생활이 어렵게 되고 자신이 바라던 소원이 절망상태에 빠지게 된다.

❖ 맑고 푸른 하늘을 보는 꿈

오랫동안 원했던 일이나 소원이 이루어지고 근심·걱정이 해소되어 편안해진다.

❖ 상대방의 표정이나 행동이 사나워 보이고 자신에게 적대감을 보이는 꿈

세력가나 폭력배 등과 관계하여 어려움을 겪게 되고, 자신의 능력으로 벅찬 일을 겪게 된다. 임산부가 이런 꿈을 꾸면 용감하고 쾌활한 아이가 태어난다.

❖ 상대방이 온순해 보이고 자신에게 호의적인 반응을 보이는 꿈

어떤 사람이나 일에 대해서 적극적이지 못하고 허약성을 드러내어 약점을 드러내게 된다.

❖ 악한 일을 행하려고 노력하는 꿈

현실에서 어떤 소원을 강제적으로 충족시키려고 하는 의욕의 발현이다. 만약 꿈에서 악행을 저지르고 말았다면 일이 달성되었음을 뜻한다.

❖ 뭔가를 만족하다고 느끼는 꿈

꿈속에서의 느낌 그대로 어떤 일을 하는데 있어 만족감을 느끼게 되거나 평소 바라던 일이 이루어지며 계획하던 일이 성공적으로 이루어지게 된다.

❖ **무엇엔가 불만이 생겨서 불쾌감을 느끼는 꿈**
  자신이 하고 있는 일에 대해서 불만을 갖게 되거나 일 처리가 잘 되지 않아 부담감을 갖게 된다.

❖ **식사를 해서 배가 부르다고 느끼는 꿈**
  자신의 능력에 벅찬 일이 생기거나 뇌물을 받아 감당하기 어려운 일 등이 생겨 심적 괴로움을 겪을 수 있으니 조심해야 한다.

❖ **갑자기 배가 고프다고 느끼는 꿈**
  생활이 어려워져 고통스러운 생활을 하게 되고 끊임없이 삶에 대해서 불만이나 부족 등의 일을 겪게 된다.

❖ **누군가를 존경하는 마을을 갖는 꿈**
  현실에서도 존경할 만한 사람을 만나 자신의 인생에서 많은 도움을 받게 된다.

❖ **누군가에게 감사하는 마음이 생기는 꿈**
  자신과 관련하여 만족할 만한 일이 생기고 추진하던 일이 충족되어 사람들에게 보답할 일이 생긴다.

❖ **자신과 관련된 상대방의 일이 잘 풀리고 그것을 부러워하는 꿈**
  현실에서 불만스러운 일을 경험하게 되거나 어떤 일에 있어 불쾌감·패배감 등을 느끼게 된다.

❖ 누군가가 자신에게 도움을 주고 자신은 그런 상대방에게 감사를 표시하는 꿈
사업에 성공하여 자신에게 협조적이었던 상대방에게 보답하게 된다.
❖ 친한 사람에게 어떤 물건을 주기가 아까워하는 꿈
많은 사람들이 참여하는 대외적인 일에 불만을 갖게 된다.

취미

❖ 바둑을 두는 꿈
신분이 높은 사람이나 자신보다 훨씬 능력 있는 사람을 만나게 된다.
❖ 내기장기나 바둑을 두는 꿈
시비에 휘말리거나 소송 사건에 연루될 수 있다.
❖ 장기를 두고 있는데 상대방이 장기알을 한꺼번에 움직여 오는 꿈
경쟁자가 모든 수단을 동원하여 자신을 공격해 올 것을 예시한다.

❖ **자신이 찬 공이 하늘 높이 솟아오르는 꿈**
자신의 능력을 마음껏 발휘하여 이름을 떨칠 기회가 올 것이다.

❖ **많은 사람들이 모여 체조하는 것을 보는 꿈**
사업이 번창하거나 추진 중인 일이 활발하게 진행되어가고 있음을 나타낸다.

❖ **자기 집 안방에서 장기를 두는 꿈**
나라 안에 어떤 이념이나 정치적인 격론·전쟁 등이 일어나게 된다.

❖ **바둑을 두는데 처음부터 자신이 백색의 돌을 쥐는 꿈**
어떤 일에 있어 자신이 처음부터 유리한 상황에서 시작하게 되어 차츰 자신의 실력을 발휘해 나가게 될 것을 예시한다.

❖ **낯선 노인들이 자신에게 화투를 치자고 달려드는 꿈**
기관이나 단체에 청탁한 어떤 일이 심사를 당하게 되거나 경쟁자가 많이 있음을 나타낸다.

❖ **보물찾기를 하는데 자신은 보물을 찾지 못하는 꿈**
계획하고 노력하던 취직이나 진급이 무산되고 시험에서 낙제를 면하기 어렵게 되며 당첨에서 탈락하게 된다.

❖ 등산 장비를 등에 진 채 무게에 눌려 낑낑거리며 산에 오르는 꿈
소원이나 사업·계획한 일 등에 어려움이 따르고 일이 모두 무산될 가능성이 있다.

❖ 보물을 찾기 위해 흙을 헤치다 보니 해골이 나와 자지러지게 놀라는 꿈
자신이 쓴 논문이 채택되거나 학위를 받게 된다. 또한 재물이나 증서 등을 얻게 될 것을 예시한다.

❖ 누군지 모르는 사람과 가위 바위 보를 하는 꿈
꿈속에서의 상대방이 상징하는 누군가와 머리싸움을 하게 되거나 기능을 겨루게 된다. 여기서 자신이 승리하게 되며 일에 대해서도 성공하게 된다.

❖ 자신이 술래가 되어 숨은 사람을 찾아다니는 꿈
시험으로 인한 불안한 심리상태를 나타내거나 혹은 잊고 있었던 과거의 불미스러운 일로 인하여 심적 고통을 당하게 된다.

❖ 산 정상을 정복하여 기쁨을 느끼는 꿈
직장에서 인정받아 승진하게 되고, 명예나 권세를 얻게 되며 자신이 지휘하고 있는 일에 성공하거나 기타 소원이 이루어진다.

❖ 세계적으로 유명한 산 위에서 자신이 무엇인가 행동하는 꿈

유명한 조직이나 기관·회사 등의 고위층에서 자신의 일이나 직위와 관련하여 영향력을 행사하여 진급이 되거나 자신이 계획하고 있는 일에 대해서 성사의 가능성을 보이게 된다.

❖ 누군가와 화투를 치는 꿈

상대방과 관련하여 어떤 일이나 사건이 생겨 시비가 일게 된다. 또한 사업상 동업자와 옥신각신하여 논쟁이 일기도 할 것이다.

❖ 화투장이 방 안에 흩어져 있는 것을 보는 꿈

어떤 일이나 사건이 생긴 후에 심리적으로 어수선해지게 된다.

❖ 노름판에서 노름을 하다 돈을 따는 꿈

걱정거리가 생기게 된다. 그러나 만약 많은 돈을 따서 기뻐하는 꿈이었다면 사업이나 일에 노력을 경주하여 성공과 함께 상당한 재물을 얻게 된다.

❖ 화투를 치려고 하다가 옆으로 밀어놓는 꿈

청원했던 서류가 보류되어 추진 중인 일이 이루어지지 않고 마음고생을 하게 된다.

❖ **자신의 명함이 한 상자 가득 담겨 있고 누군가와 화투를 치는데 장땡이 나오는 꿈**
국가적인 선거에서 당선이 되거나 복권이 당첨되어 뜻밖의 횡재를 하게 된다.

❖ **장기나 바둑을 두면서 고민하는 꿈**
자신이 소속된 집단에서의 세력 다툼에 끼게 되거나 사회적·경제적 변화에 의해 자신의 생활이나 일이 영향을 받게 된다.

❖ **윗사람과 바둑을 두어 이기는 꿈**
직장이나 단체 등에서 최고의 세력을 확보하게 되고 금전에 대한 권리 등을 확보하게 된다.

❖ **윷 또는 주사위를 던져서 점수를 따는 꿈**
주사위가 나타내는 숫자와 같은 권리·돈·성적을 얻게 되고, 학생이 이런 꿈을 꾸면 나타난 숫자와 상징하는 만큼의 성적을 나타낸다.

❖ **오락실에서 게임하는 꿈**
복권 등에 당첨되어 돈이 생기게 되며 지금까지 노력해온 일들이 잘 풀려 대가를 얻게 된다. 즉 재물과 명예가 따르게 된다.

질병 · 형벌

❖ **자신이 죄수가 되어 재판을 받는 꿈**
일 · 작품 · 성적 등의 판정을 받을 일이 생긴다.

❖ **자신이 사형선고를 받았는데 사형 직전에 누군가에게 구원받는 꿈**
질병을 앓던 사람은 건강을 되찾게 되며, 사업이 위기에 몰려 있던 사람이라면 돌파구를 찾게 된다.

❖ **자신이 죄를 짓고 자수하여 스스로 감옥에 들어가는 꿈**
신변에 좋지 않을 일이 생길 것을 암시하므로 조심해야 한다.

❖ **자신이 병에 걸렸다고 생각되어 약을 먹는 꿈**
소원이나 추진 중인 일이 이루어지거나 선배 · 직장 상사로부터 충고를 받게 된다.

❖ **자신이 감기에 걸린 꿈**
사상이나 종교 · 이론 등에 심취하게 된다.

❖ **감옥 안에 있는 죄수가 누군가에게 맞는 것을 보는 꿈**
주식이나 채권 등에서 돈을 벌게 되거나 도박이나 게임 등에서 큰돈을 따게 되는 등 재물이 들어올 길몽이다.

❖ **자신이 감옥 안에 있다고 생각하는 꿈**
  사업이나 추진 중인 일 등에 어려운 일이 생기지만 귀인이나 은인의 도움으로 잘 해결될 것이다.

❖ **자신이 사형선고를 받고 처형당하는 꿈**
  운수 대통할 꿈이다. 작품 활동·시험 등에서 크게 성공하고 질병을 앓던 사람이라면 깨끗이 낫는다.

출산

❖ **자신이 아기를 낳는 꿈**
  아기로 표상된 어떠한 권리나 이권의 획득·재물의 횡재수 등으로 실현되고 있다.

❖ **낯선 여성이 자신의 집에 와서 아기를 낳는 꿈**
  사업상 어떤 성과를 얻거나 발췌본이 출판되고, 저축이나 투자해둔 돈에 이자가 생기게 됨을 의미한다.

❖ **세 쌍둥이의 남자아이를 낳는 것을 보는 꿈**
  커다란 이권이나 횡재수 등을 얻게 되며, 사업이 성공하고 직장에서 승진하게 되는 등 좋은 일로 실현될 것이다.

❖ 온갖 짐승들이 새끼를 낳는 것을 보는 꿈
출산의 꿈은 대체로 재산 증식이나 작품의 출판, 이익배당과 같은 일을 상징한다. 따라서 이러한 꿈은 막대한 양의 권리나 이권이 생기게 될 것을 예시한다.

그림·사진

❖ 그림을 사오는 꿈
유명작가의 책을 선물받거나 상장이나 학위증 등을 받게 되며, 이로써 명예를 얻게 된다.
❖ 자신이 그린 그림이 만족스럽지 않아 짜증을 느끼는 꿈
계획이나 소원이 미수로 그치게 되고 생활하는데 불만 등이 쌓이게 된다.
❖ 상대방이 그린 그림을 감상하면서 평가하는 꿈
다른 사람의 청원이나 연애편지·신용장 등의 서문을 읽게 되거나 그것을 검토할 일이 생긴다.
❖ 자신이 내용을 알지 못하는 추상화를 그리는 꿈
어떤 일을 계획하게 되거나 마음이 정돈되지 않아 혼란스러울 일이 있겠다.

❖ **미술교사가 칠판에 그려놓은 그림을 학생들이 보는 꿈**
  직장에서 상관이 임명하는 직책을 받게 되거나 부임지가 결정된다.

❖ **누군가 그림을 보내주는 꿈**
  뜻하지 않은 책을 받게 되거나 혼담이 오간다. 또는 연애편지나 경고장을 받게 된다.

❖ **오래된 풍경이나 궁궐 등의 유적을 촬영하는 꿈**
  주위에서 일어난 사건 또는 자신의 업적을 기록에 남기거나 녹음·인쇄하여 세상에 알리게 된다.

❖ **상대방이 자신의 사진을 찍는 꿈**
  신변에 이상이 생기거나 형사 등이 자기의 신상 문제를 캐고 다닐 일이 생긴다. 또한 자신의 신상 문제가 기사화되어 불명예를 안게 된다.

❖ **남편이나 애인이 다른 여성과 찍은 사진을 보고 엉엉 우는 꿈**
  사업을 크게 확장하게 될 것을 예시한다.

제5장

동·식물에 관한 꿈

❖ 용이 자기를 습격해서 서로 맞붙어 싸우는 꿈

자신이 훌륭히 되기 위하여 노력하거나 가까운 장래에 벅찬 일거리를 성취시키려고 노력할 일이 있게 된다. 만약 용을 죽이거나 꼼짝도 못 하게 제압하거나 그 용이 달아나는 뒷모습을 보면 정치인들은 반대파를 물리치고 자기가 권세를 잡을 것이며, 학생은 고시 등의 어려운 시험에 합격하고, 사업가는 큰 사업을 성취시킨다.

❖ 용을 타고 하늘을 나는 꿈

최고의 길몽이다. 국민이나 귀족의 추대를 받아 정치에 참여하거나, 자신의 자손으로 인해 부귀해질 것이며, 학생은 장차 박사학위나 고시에 합격하여 영귀해진다.

❖ 자신이 용에게 통째로 먹혔다가 뱃속에서 요동을 쳐 다시 나왔는데 자신의 온몸이 피투성이가 된 꿈

세력가나 세력집단, 기관 등에서 어떤 권리나 이권·재물 등을 획득하게 될 것을 예시한다. 또한 직장인이라면 승진을 하는 등 좋은 일이 일어날 것이다.

❖ **고여 있는 맑은 물에서 용이 노는 것을 구경하는 꿈**
맑고 청결한 사상과 음률이 충만한 어떤 사업장에서 성공하여 명예와 권세가 항상 함께 하게 된다.

❖ **갯벌에서 용의 머리를 캐낸 꿈**
어느 단체나 기관·사업체 등에서 우두머리가 되거나 권세를 얻게 됨을 예시한 것이다.

❖ **적룡과 흑룡이 몸을 뒤틀며 하늘로 오르는 꿈**
훌륭한 두 남녀의 결합이 이루어지거나 두 권력자, 두 개의 세력단체, 훌륭한 한 쌍의 남녀가 손을 잡게 될 것이다. 태몽이라면 태아는 장차 문무 겸비한 훌륭한 인물이 될 것이다.

❖ **용이 구름에 올라 뇌성벽력을 치는 꿈**
태몽이라면 태아가 장차 국가나 사회의 지도자가 되고 세상을 계몽하게 됨을 예시한다. 일반인이 이런 꿈을 꾸면 자신의 사업이나 일·학문 등이 크게 성공하여 명성과 부를 쌓게 됨을 예시한다.

❖ **용을 칼로 베거나 총으로 쏘아 죽이는 꿈**
사업이 크게 성공하거나 큰 업적을 달성하게 된다. 또는 태몽으로, 장차 크게 성공할 귀한 자식을 낳게 된다.

❖ **한 줄기 빛을 발하며 붉은 해가 떠오르고 그 옆에서 용 한 마리가 하늘로 오르는 것을 보고 깜짝 놀라는 꿈**
새로운 사업을 시작하게 되며, 그동안의 연구 성과나 노력이 관련 기관이나 사업체로부터 크게 평가를 받고 혜택이 주어질 것이다.

❖ **용이 자신을 태우고 어디론가 날아가는 꿈**
좋은 일이 있을 것임을 예시해 주고 있다. 사업이 크게 번성하고 재물이 쌓이며, 학문적인 성과를 얻게 될 것을 예시하고 있다. 길몽이므로 한 번쯤 복권을 사는 것도 좋을 것이다.

❖ **우물가에서 백마가 용이 되어 하늘로 오르는 것을 지켜보는 꿈**
사업이나 자기 일에 있어 승승장구하며 훗날엔 더 큰 사업체를 운영하거나 더 훌륭한 업적을 이룩하여 크게 성공하게 된다. 또한 어떤 업적이나 사업을 이룩하더라도 크게 사람들의 주목을 받게 되어 명예로워질 것이다.

❖ **용이 자신에게서 멀어져가는 꿈**
자신에게 더없이 좋은 기회를 놓치게 되고, 사업이나 추진하던 일 등이 점차 기울게 된다.

❖ 용을 타고 하늘로 올라가는 꿈
　명예를 얻거나 득세할 일이 생긴다. 즉, 승진이나 사업 확장ㆍ복권당첨 등 좋은 일로 실현될 것이다.

❖ 샘물에서 목욕을 하고 용과 함께 승천하는 꿈
　태몽으로, 태어날 아기는 장차 용이 승천하는 것같이 훌륭한 인물이 될 것이다. 일반인이 이런 꿈을 꾸게 되면 어떤 권리나 이권ㆍ명예 등을 획득하게 된다.

❖ 용이 자기 집으로 들어오는 꿈
　귀인이 찾아오거나 관청에 취직하게 된다. 또는 평생 풍요로운 삶을 살게 될 것을 예시한다.

❖ 용이 사람을 물어 죽이는 것을 보는 꿈
　어떤 세력에 의해서 자신이 추진하던 일이나 사업 등이 성취되어 사람들에게 신용을 쌓게 된다.

❖ 용이 불을 토하여 갑작스럽게 자신의 등이 몹시 뜨겁게 느껴지는 꿈
　관청이나 높은 지위에 있는 사람의 도움을 받아 승진 또는 출세하게 되거나 사업이 번성하게 된다.

❖ 용이 구름 속에서 큰 소리를 내는 소리를 듣게 되는 꿈
　사업에 크게 성공하거나 사람들이 놀랄 만한 일을 하게 되어 세상에 이름을 떨치게 된다.

❖ **불난 집에서 용이 하늘로 솟아오르는 것을 보는 꿈**
사업이나 추진 중인 일이 크게 번성하여 세상에 과시할 일이 생기게 된다.

❖ **자신이 용을 꽉 껴안는 꿈**
자신의 능력보다 벅찬 일을 맡아 처리하게 되거나 자신이 원하던 어떤 권리나 이권 등을 소유하게 된다. 또는 자신에게 도움을 줄 수 있는 협력자나 귀인을 만나게 되어 성공하게 된다.

❖ **용이 자빠져 있는 것을 보는 꿈**
태어날 아이가 자라나 패륜아가 되거나 요절할 사람과 관계하게 되어 불행한 삶을 살게 된다.

❖ **자기 주위에 있던 어떤 물건이 용으로 변하는 꿈**
추진 중인 일이나 작품·사업 등이 크게 성취되어 재물을 모으게 되고 신분·지위 등이 상승되어 부귀해진다.

❖ **용과 싸워서 용을 해치거나 꼼짝 못 하게 하는 꿈**
계획 또는 추진하는 일이 자신에게는 상당히 힘에 부쳐 많은 노력이 필요하게 된다. 정치가라면 정권 또는 당권 투쟁이 치열해져 어려운 상황에 놓이게 된다.

❖ 용이 자신에게 덤벼들어 칼이나 총으로 죽이는 꿈
그동안 자신을 괴롭히던 장애물을 제거하고 계획하던 일을 이루게 되어 많은 재물을 얻게 된다.

❖ 용이 사람을 물어 죽이는 것을 보는 꿈
힘을 가진 관청이나 세력가의 도움을 받아 자신이 추진하던 일이 성취된다. 또한 많은 사람들에게 두터운 신용을 얻게 된다.

❖ 강이나 바다에서 용이 하늘로 오르는 것을 보는 꿈
예상하지 못했던 일로 사회적 기반이 생기게 되어 무난히 성공하게 된다.

❖ 두 마리의 용이 마주 보고 있다가 차츰 가까워지면서 엉클어지는 꿈
두 개의 세력단체가 서로 의견이 대립되어 라이벌 관계에 놓이게 된다.

❖ 용이 구름 속에서 눈을 부라리며 빗방울을 떨어뜨리는 꿈
태몽이긴 하지만, 태아가 유산될 것을 예시한다.

❖ 용이 공중에서 떨어지는 것을 보는 꿈
사업에 실패하거나 권세를 잃게 되고, 명예나 자신이 헤쳐가기에는 힘든 일이 생기게 된다.

❖ 용을 타고 산으로 올라가는 꿈
성적이 크게 오르거나 사업이 크게 성공한다. 또는 관직에 올라 자신이 바라던 일이 이루어지게 된다.

❖ 용이 땅 위에 있는 것을 보는 꿈
태몽이라면 태어날 아이는 총명하고 출중하지만 끝내 세력을 얻지 못하고 평생을 마치게 된다.

❖ 용이 물속에서 잠자는 것을 보는 꿈
어떤 기관에서 추진하다가 보류되어 있던 일에 관계하게 된다. 또는 희귀하게 여겨지는 금은보화를 보게 된다.

❖ 용이 날아가서 완전히 시야에서 사라져버리는 꿈
보살펴주던 협조자가 멀어져가거나 권세나 명예·일 등이 한때 세상에 알려져 명성을 떨치게 되지만 차츰 그 힘을 잃게 됨을 예시한다. 만약 자신이 용이 되는 꿈이었다면 강력한 세력을 잡게 되거나 세상에 이름을 떨치게 된다.

❖ 용의 문장이나 조각을 보는 꿈
저명인사를 만나거나 그와 관계된 일을 하게 된다. 또는 위인에 관한 기사를 읽거나 희귀한 물건이나 서적 등을 대하게 되어 도움을 받게 된다.

호랑이

❖ **커다란 호랑이가 집으로 들어오는 꿈**
  직장이나 관계기관·사업체 등에서 우두머리의 자리에 앉게 된다.

❖ **호랑이가 집을 지켜주는 꿈**
  최대의 길몽이다. 권세와 명예를 가진 사람이 자신을 후원해 주거나 최대의 권세나 명예·재운·이권을 획득하게 된다.

❖ **호랑이가 달려들어 품에 안는 꿈**
  태몽일 가능성이 가장 크다. 또는 호랑이로 표상되는 절대 권력이나 어떤 권리의 획득을 예시한다.

❖ **자신이 호랑이에게 물리는 꿈**
  어떤 세력이나 기관 등의 영향권 안에 들어가 이권이나 권리·재물 등을 얻게 될 것을 예시하고 있다.

❖ **어떤 큰 집 아궁이에서 송아지만한 호랑이가 나와 엄지손가락을 덥석 무는 꿈**
  국가기관이나 관청 같은 곳에서 높은 관리가 되어 부귀해질 것을 예시한다. 또한 권리·이권·재물 등이 자신의 영향권 안에 들어오게 된다.

❖ **큰 호랑이가 꽃밭에서 자기를 업고 크고 호화로운 집으로 들어가는 꿈**

명예로운 사람이나 단체의 힘을 얻어 높은 지위로 나아가 고위층 관리가 되거나 정치가가 될 것을 예시한다. 여성인 경우에는 그런 신분의 남편을 얻어 부귀영화를 누린다.

❖ **호랑이가 달려드는 꿈**

미혼 여성이 이런 꿈을 꾸면 활달하고 씩씩한 남자가 구애를 해오게 될 것이다. 기혼 여성이라면 태몽으로, 태어날 아기가 씩씩하고 활달한 사람이 될 것을 예시한다.

❖ **호랑이를 삼키는 꿈**

이런 꿈을 꾸고 아기를 낳으면 장차 그 아기는 훌륭하고 권세를 잡는 사람이 될 것이다.

❖ **어두컴컴한 깊은 산길을 걸어가는데 큰 호랑이가 눈빛으로 어둠을 밝히며 길을 열어주는 꿈**

어떤 기관이나 회사 조직체 내에서 학문이나 연구 등에 깊숙이 관여하게 된다. 처음에는 그 일이 생소하여 어려움이 따르겠지만, 결국에는 권세를 잡게 되거나 협조적인 인물을 만나 만사형통하게 된다.

❖ **꼬리가 잘린 호랑이를 보는 꿈**
다소 안 좋은 일이 일어날 수가 있다. 현실에서는 자살을 시도한 경우도 있는 것으로 나타나고 있다.

❖ **호랑이가 자신을 물거나 잡아먹히는 꿈**
호랑이로 표상되는 어떤 대상과 인연을 맺게 된다.

❖ **호랑이가 자기 집 문 앞에 웅크리고 앉아 있는 꿈**
크게 성공하여 사람들에게 널리 이름이 알려지며, 명성과 명예 등을 쌓게 될 것이다.

❖ **호랑이가 크게 포효하는 것을 보는 꿈**
관직에 나아가거나 승진 등 크게 출세하게 될 길몽이다. 이로 인해 명성을 떨치게 된다.

❖ **호랑이가 자기 방에 들어왔다 금세 어디론가 사라지는 꿈**
태몽으로 아들을 낳게 되지만 어려서 이별하게 된다.

❖ **호랑이에게 쫓겨 멀리 달아나는 꿈**
자신에게 더없이 좋은 기회지만 놓쳐버리고 만다. 혹은 좋은 혼처를 놓치게 된다.

❖ **호랑이나 사자를 타고 달리는 꿈**
권력을 가진 인물이나 단체의 도움으로 지위가 상승될 것이다.

❖ **호랑이를 타고 높은 산꼭대기에 오르는 꿈**
　통치자가 되거나 정당의 당수가 될 수 있는 꿈이다.

❖ **호랑이나 사자와 싸워 이기는 꿈**
　어려운 상대나 기관·관청 등과 싸워 이기게 됨을 예시한다. 이로써 어떠한 권리나 이권·명예 등을 획득하게 된다.

❖ **호랑이나 사자가 자기 앞에 무릎을 꿇고 엎드리는 꿈**
　어떤 사건을 통해 권력을 가지고 있는 사람을 굴복시킬 일이 생기게 된다.

❖ **호랑이나 사자를 도구를 이용하여 죽이는 꿈**
　추진하고 있던 사업이나 큰일을 성취시키거나 자신과 뜻이 다른 반대파 혹은 경쟁자를 물리칠 수 있다. 또는 고시 등과 같은 어려운 시험에 합격하게 된다.

❖ **호랑이를 줄에 매어 끌고 다니는 꿈**
　높은 지위에 있는 사람을 자신에게 유리하게 이용할 수 있게 되며 큰일을 이룰 수 있게 된다.

❖ **호랑이나 사자의 울음소리가 우렁차게 들리는 꿈**
　사회적으로 크게 반향을 일으킬 일이나 모든 사람들에게 소문날 일이 생기게 된다. 또한 출세하게 되거나 이와 정반대로 환란이 닥쳐올 수도 있다.

❖ **호랑이가 옆 또는 뒤에서 졸졸 따라다니는 꿈**
어려운 상황에서 자신에게 도움을 줄 협조자를 얻거나 사업이 잘 추진되어 크게 성공한다.

❖ **호랑이 또는 사자의 가죽이나 털로 된 물건을 얻는 꿈**
자신과 뜻이 같은 협조자를 만나게 되고, 그로 인해 재물과 권력 등을 얻게 된다.

❖ **호랑이나 사자에게 물려 상처가 나는 꿈**
권력을 잡게 되거나 직장에서 진급을 한다. 또한 사업가라면 사업체가, 예술가라면 자신의 작품이 크게 이루어지고 명예나 권세를 얻게 된다.

❖ **자기 집 문 밖에 웅크리고 앉아 있는 호랑이를 보는 꿈**
조만간 큰 인재를 만나 도움을 받거나 예술인인 경우 훌륭한 작품을 완성시킬 수 있게 된다.

❖ **호랑이가 집에 왔다가 사라지는 꿈**
태몽으로 장차 태어날 아이가 일찍 요절하거나 자라나서 크게 좌절할 일이 있게 된다.

❖ **호랑이와 성교하는 꿈**
사업가라면 큰 사업을 시작하게 되고, 예술가라면 훌륭한 작품 등을 완성하거나 권력층의 사람과 계약·동업하게 된다.

❖ **사자나 호랑이에게 쫓기는 꿈**

　연예계나 공공기관에 근무하는 사람, 사업에 관련된 일이 어렵게 전개되어 난관에 부딪히게 된다.

❖ **호랑이나 사자를 피해서 도망치는 꿈**

　임산부라면 유산이 우려되고, 일반인이라면 권리를 잃어 피해를 당하거나 사업에 실패하게 된다.

❖ **새끼 호랑이 두 마리를 한꺼번에 안은 꿈**

　태몽으로 형제를 두게 되고, 장차 그들이 자라서 높은 지위에 오르거나 사업가가 되어 성공하게 된다.

❖ **처음에 작은 동물이 차츰 변하여 호랑이가 되는 꿈**

　현실에서는 비록 작은 사업이지만 점차 크게 번성하게 되고 직장이라면 권위와 지위가 점차적으로 크게 상승된다.

❖ **산속에서 굴이나 바위틈에 웅크리고 앉아 있는 호랑이를 발견하는 꿈**

　연구기관이나 학문 분야에서 지도자의 위치에 서게 되며, 태몽이라면 아이는 장차 학구적인 일에 종사하게 된다.

곰 · 소

❖ **곰이 자기 집으로 들어오는 꿈**
  귀한 재물을 소유하고 지배할 수 있음을 예시한다.

❖ **곰이 나무에 기어오르는 것을 보는 꿈**
  자신이 근무하고 있는 직장이나 기관 등에서 출세하게 되거나 승진하게 되어 재물을 모으게 된다. 또한 그로 인해 세상에 이름을 떨치게 된다.

❖ **곰을 타고 길을 다니는 꿈**
  어떤 정당의 당수·공공기관이나 단체의 우두머리 등이 된다. 또한 사업을 하는 사람과 관련을 맺게 되거나 그 일에 관여하게 된다.

❖ **곰을 죽이고 웅담을 얻는 꿈**
  사업이나 추진 중인 일이 번성하여 명성을 날리게 된다. 예술가인 경우에는 작품의 성공으로 대중적인 인기를 얻게 된다.

❖ **살이 통통하게 찐 누런 소가 자기 집으로 들어오는 꿈**
  재물이 쌓이고 어떤 이권이나 권리 등을 획득하게 될 것을 예시한다. 만약 그 소가 누런 암소였다면 복덩어리인 며느리나 고용인을 구하게 될 것이다.

❖ 자신이 소 등에 올라탄 꿈

재물이나 이권 · 사업체 등을 얻어 크게 우세해진다.

❖ 소가 언덕으로 올라가는 것을 보는 꿈

사업이나 추진하는 일 · 소원 · 작품 등이 크게 성공하여 재산이나 이권 · 명예 등을 쌓게 된다.

❖ 소가 자신을 보며 웃는 꿈

구설수에 오르거나 시비에 휘말리게 된다. 또는 손재수 등 좋지 않은 일이 생긴다.

❖ 소 등에 무언가를 싣고 집으로 들어오는 꿈

귀한 자식을 낳게 될 태몽이거나, 재물을 얻게 될 것을 예시한다. 횡재수가 있을 것이다.

❖ 소를 몰아다 자기 집의 쇠말뚝에 매어 놓는 꿈

재물의 횡재수가 있거나 집안에 며느리나 고용인을 새로 맞아들이게 될 것을 예시한다. 또한 협조자나 인적 자원의 도움을 받아 어떠한 권리나 명예 · 재물 등을 획득하게 된다.

❖ 바닷물에 많은 소가 죽어 있어 그 죽은 소들을 건져 내는 꿈

사업이나 추진하던 일 · 바라던 소망 등이 성취되어 재물이나 이권 · 권리 등을 얻게 될 것을 예시한다.

❖ **너른 들판에 황소가 매어져 있는 것을 보는 꿈**
너른 들판처럼 큰 세상에서 사업이나 일 등을 통해 자수성가하게 될 것을 예시한다.

❖ **누런 암소를 끌어다 마당이나 자기 집 말뚝에 매는 꿈**
어려운 상황에 닥쳐도 도와줄 사람이 생기거나 그 어려움에서 벗어나 재물이 불어나게 됨을 예시한다.

❖ **소에 자신이 받치는 꿈**
믿었던 사람으로부터 배신을 당하게 되어 정신적인 고통을 받게 되고, 질병에 걸릴 우려가 있다.

❖ **성난 소에게 쫓겨 다니다 소와 맞서는 꿈**
힘들고 어려운 일을 당하여 그것을 이겨내기 위해 자신을 불사르게 될 것이다.

❖ **수렁에 빠진 소를 구하게 되는 꿈**
가족 중에 누군가가 어려움에 처하게 되며 자신이 그 식구를 구하게 된다. 혹은 집안에 우환이 생기지만 자신의 힘으로 집안을 다시 일으켜 세우게 된다.

❖ **기르던 소를 잃고 다른 소를 사는 꿈**
물건이나 자신의 어떤 꿈·목표 등을 잃게 되지만 다른 새로운 것을 선택하게 된다. 또한 추진하던 사업이나 학문 등이 새롭게 바뀌어 성장하게 된다.

❖ **소의 등에 소금을 싣고 집안으로 들어오는 꿈**
중년 이후에 가서 사업을 하게 되며, 사업이 크게 번창하여 풍요로운 말년을 보내게 된다.

❖ **소에다 쟁기를 매고 논밭을 갈고 있는 것을 보는 꿈**
자신에게 협조적인 사람을 만나 새로운 사업에 참여할 일이 생길 것이다.

❖ **세 마리의 황소가 매어져 있는 것을 보는 꿈**
태몽이다. 황소는 튼튼하고 우직한 일꾼을 상징한다. 따라서 황소의 꿈을 꾸고 태어난 아기는 장차 무슨 일이든 스스로 해결하는 능력을 가져 자수성가할 인물이 된다.

❖ **누런 암소가 검은 송아지를 낳는 꿈**
태몽이다. 장차 태어날 아이가 자라면서 부모의 속을 썩이거나 어머니와 아이가 이별하게 된다.

❖ **목장에서 많은 소들이 풀을 뜯어먹는 꿈**
많은 고용인을 두거나 큰 규모의 사업체를 갖게 될 것이다.

❖ **죽은 소를 묻어주는 꿈**
집안에 우환이 생길 것이니 조심하라는 경고이다.

돼지

❖ **똥을 묻힌 시커먼 돼지가 달려들어 옷을 다 버린 꿈**
  돼지는 재물을 상징한다. 따라서 큰 횡재수가 있거나 재물을 모으게 될 것이다.

❖ **시커먼 돼지들이 집 안으로 들어오는 꿈**
  크게 횡재할 꿈이다. 사업이 성공하여 재물을 쌓게 되거나 그 밖의 이권이나 권리 등을 획득하게 된다.

❖ **커다란 어미돼지가 새끼들을 끌고 집으로 들어오는 꿈**
  돼지가 한 마리가 아닌 새끼들까지 여러 마리가 집으로 들어오는 꿈이라면 그만큼 횡재수가 크며, 큰 재물을 쌓게 될 것을 예시한다.

❖ **오물이 묻은 더러운 돼지를 덥석 안는 꿈**
  오물이 묻은 돼지를 안고도 기분이 좋았다면 크게 횡재하게 될 것이다.

❖ **자기 집 돼지우리에서 많은 돼지들이 놀고 있는 것을 본 꿈**
  인적자원이나 어떤 작품 따위를 키우거나 잘 간수해 두는데, 그것들은 물질적·정신적으로 막대한 재산으로 환산되기도 한다.

❖ **누렇고 큰 돼지가 판자 구멍으로 쑥 들어가 버린 꿈**
재운이 자신 앞까지 왔다가 사라지는 일, 즉 복권이 아슬아슬하게 낙첨되는 등의 일이 있거나 재물·이권·권리 등의 손실이 있을 것을 예시한다.

❖ **돼지를 자기 집으로 몰아온 꿈**
횡재수의 꿈으로 어떤 재물이나 이권·권리 등을 자기 집안으로 끌어들일 일이 생길 것을 예시하고 있다. 특히 일 가능성이 높다.

❖ **지하실과 초가지붕 위에서 돼지들이 요동을 치고 지붕이 들썩거리는 것을 보는 꿈**
횡재수가 생기거나 직장에서 승진되며 집안에 떠들썩한 경사가 나게 될 것을 예시한다.

❖ **꿈에 돼지 두 마리를 잡았는데 뼈만 먹는 꿈**
돼지 두 마리를 잡은 것은 두 군데의 재물을 처리한 끝에 그 일부를 얻어먹을 일이 있거나, 작품 등을 써냈으나 골자만 발표되는 일과 관계하게 된다.

❖ **큰 돼지가 앞길을 가로막아 물리치려 했으나 또 다른 돼지가 달려들어 못 가게 하는 꿈**
횡재수가 있거나 어떤 권리를 획득하게 된다. 혹은 시험에 합격하거나 취직을 하게 된다.

❖ **돼지가 잡아먹으려고 덤벼들어 돼지와 싸워 이기는 꿈**
사업이나 추진하던 일이 자신의 뜻대로 이루어지며, 이로 인해 재물을 쌓게 되며 집안에 행운이 오게 된다.

❖ **송아지만한 큰 돼지 한 마리를 사서 집 안으로 몰고 들어오는 꿈**
상당히 많은 액수의 재물을 얻게 될 것이다. 또한 보석 등을 얻는 꿈은 태몽이거나 현실에서 좋은 결과로 실현되고 있다.

❖ **멧돼지가 나타나 도망가는 것을 끝까지 쫓아가 붙잡고 늘어지는 꿈**
사업이나 추진하던 일이 역경에 부딪히지만 끝까지 포기하지 않고 노력하여 끝내는 크게 성공하게 된다. 이로 인해 상당한 재물을 쌓게 될 것이다. 또한 어떤 행운이 오면 그 행운을 잘 잡아 돈을 벌게 됨을 예시한다.

❖ **두세 마리의 큰 돼지가 자꾸 쫓아도 억지로 자기 집 우리 속으로 들어오는 꿈**
각고의 노력과 역경 끝에 상당한 재물을 얻어 사업자금을 마련하게 된다. 또한 생각지 못했던 횡재수나 행운이 있을 것이다.

❖ 길가에 돌아다니는 큰 돼지를 보고 그 꼬리를 손에 쥔 채 집으로 몰고 들어오는 꿈

흔히 눈먼 돈이나 임자 없는 돈의 주인이 될 것을 예시한다. 복권 등에서 당첨될 수도 있다.

❖ 낯선 곳을 가는데 돼지우리에 있던 크고 작은 여러 마리의 돼지가 몽땅 울 밖으로 나와서 길을 막는 꿈

큰 횡재수를 기대해도 좋으며 복권 구입도 생각해 볼 일이다.

❖ 바닷가에서 고기를 잡는데 난데없이 돼지가 잡혀 올라오는 꿈

큰 사업체에서 어떤 방도나 협력자가 생겨 생각지도 못한 큰돈을 벌게 될 것을 예시한다.

❖ 죽은 돼지를 집으로 짊어지고 오는 꿈

죽은 동물은 성가신 일을 상징하므로 다른 사람의 부채를 책임져야 하거나 노력을 해도 실속 없는 일에 직면하게 된다.

❖ 돼지가 자기 집 밖으로 나가는 것을 잡지 못한 꿈

재산이나 사업체가 줄어들 것을 예시한 꿈이다. 그러나 그 돼지를 다시 우리 속에 몰아넣었다면, 재산의 일부가 손실당하는 것을 막을 수 있을 것이다.

❖ **중간 크기의 새까만 돼지가 자기 다리에 몸을 비벼대는 꿈**

자수성가하여 의식주가 풍족하게 될 것을 예시하며 어떤 행적이나 업적을 뚜렷이 남길 것이다. 또한 행정직 공무원으로 출세할 수도 있다.

❖ **한 마리의 돼지가 여러 마리의 돼지로 변하는 꿈**

기혼 여성이라면 남편의 사업이 번창하여 많은 재산을 소유하게 될 것이다. 상인은 장사가 번창할 것이며, 과학자는 새로운 아이디어로 창조적인 작업을 성취시킬 수도 있을 것이다. 작가라면 여러 좋은 작품을 창작하게 될 것이다.

❖ **정상에 있던 산돼지가 내려와 이빨로 자기 배를 찌른 꿈**

태몽으로 태아가 장차 최고의 명예나 권리를 말년에 획득하게 됨을 예시한다.

❖ **새끼돼지를 쓰다듬는 경우**

태몽으로 태어날 아기는 잘 자라고 의식주가 걱정 없는 부유한 사람이 될 것이다. 그러나 게으르고 노력하지 않으려는 경향이 있으며 생각이 깊지 못할 수도 있어 그 자식으로 인해 속을 썩게 될 수 있다.

❖ 넓은 마당에 여러 마리의 새끼돼지를 풀어놓는 꿈
경품 등에서 많은 상품을 타게 되고 예상하지 못한 곳에서 재물이 들어오게 된다.

❖ 돼지를 집안으로 메고 오는 꿈
집안에 좋지 않은 일이나 우환이 생겨 마음고생을 하게 된다.

❖ 돼지에게 물리는 꿈
어떤 일에 있어 권리나 명예·지위·이권·재물 등을 얻게 될 것을 예시한다.

❖ 돼지가 자기 뒤를 따르는 꿈
부유층이나 돈 많은 사람이 자신을 보살펴줄 일이 있을 것이다. 하지만 그 보살펴준 대가는 반드시 치르게 된다. 만약 돼지가 자기의 옆이나 앞에서 따르고 있는 꿈이었다면 재정적인 협조를 받아도 아무런 부담을 가질 필요가 없게 된다.

❖ 돼지가 방 안으로 들어오는 꿈
누군가로부터 금전적으로 도움을 받게 되는 꿈이다.

❖ 돼지가 문 밖에서 서성대는 꿈
누군가의 도움이 필요하지만 때가 늦어 문제 해결이 어렵게 된다.

❖ **방 안에서 큰 돼지와 싸우는 꿈**

사업이나 학문·추진하는 일 등에서 어려움을 만나지만, 피나는 노력 끝에 고난을 극복하여 성공 또는 큰돈을 벌게 된다.

❖ **자신이 큰 돼지와 싸워서 이기는 꿈**

큰 횡재를 상징하는 꿈으로 갑작스런 횡재는 복권에 당첨되거나 뜻하지 못했던 유산을 받아 재물이 생기게 된다.

❖ **돼지가 자기의 치마를 물고 흔들며 놓지 않는 꿈**

미혼 여성이 꾸었다면 장차 부자가 될 사람과 결혼하게 되어 편안한 삶을 살게 된다.

❖ **산돼지가 달려들거나 물려는 꿈**

태몽으로 씩씩하고 용맹스러운 자손이나 높은 관직에 올라 명성을 떨칠 자손을 낳는다.

❖ **산돼지를 잡는 꿈**

그동안 원하던 일이 이루어진다. 고시생이 꾸었다면 고시에 좋은 성적으로 합격하며 사업가라면 사업에 유리한 권리를 확보하게 된다.

개

❖ **개가 땅보다 높은 자리에 앉아 있는 꿈**
훌륭한 지도자가 될 것을 예시한다.

❖ **개가 싸우는 것을 보는 꿈**
질병에 걸리거나 시비에 휘말릴 일이 있을 것이다.

❖ **자신에게 달려드는 개를 죽이는 꿈**
어떤 일에 있어 장애가 되는 요소를 제거하지만, 거기에 따른 부작용이 생긴다.

❖ **개를 끌고 다니는 꿈**
경비나 경호원 등의 일을 하게 되거나 학업이나 학문에 계속 정진하여 성과를 얻게 된다.

❖ **천박하게 생긴 개가 자신을 따라오는 꿈**
부랑아 등을 만나거나 전염병 등에 걸릴 수 있다.

❖ **자기 집 개의 성기가 팽창하는 것을 보는 꿈**
가정부나 고용인 등이 대드는 등 어려움을 겪게 된다.

❖ **자신이 개를 죽이는 꿈**
현실에서 어렵다고 여겨지던 일을 성사시키게 되거나 어려운 상황에서 빚을 갚을 일이 있다. 혹은 고시 같은 어려운 시험에 합격하여 입신양명하게 된다.

❖ **개에게 물려 상처가 나는 꿈**
  취직이 되거나 직장인인 경우 중책이 맡겨진다. 그러나 상처에서 피가 났다면 자신의 심복이나 고용인 등에게 배신을 당하게 된다.

❖ **집을 나갔던 개가 다시 돌아오는 꿈**
  과거에 알고 지내던 사람이 찾아오거나 과거의 어떤 일이 생각나 즐거운 마음이 된다.

❖ **개가 떼를 지어 자신에게 덤벼드는 꿈**
  뜻하지 않은 시비에 휘말리게 되거나 자신의 신변에 위험이 생길 징조이니 조심해야 한다.

말·나귀

❖ **누군가로부터 말을 얻어 집으로 끌고 들어오는 꿈**
  관계기관이나 관청, 협력자의 도움으로 사업이 크게 번성하여 큰돈을 벌게 된다.

❖ **말을 타고 산에 오르는 꿈**
  여러 사람의 추대를 받아 높은 자리에 오르거나 재물이 쌓이게 될 길몽이다.

❖ **말을 타고 달리는 사람들을 보는 꿈**
  정치나 사업 등이 잘 이루어진다. 임산부가 이런 꿈을 꾸었다면, 태어날 아이는 정치가나 정부의 고급 관리가 될 것을 예시한다.

❖ **날개 달린 말을 타고 공중을 날아다니는 꿈**
  권세를 잡아 출세를 하게 되거나 예술가나 학자인 경우 작품·논문·책 등을 발표하여 크게 명성을 떨치게 될 것이다.

❖ **말에서 떨어지는 꿈**
  누군가에게 배신을 당해 직책에서 물러나게 되고 재기불능의 상태에 빠지게 된다.

❖ **죽은 조상이 말을 이끌고 자기 집으로 들어오는 꿈**
  집안에 며느리를 들이거나 고용인을 들이게 된다.

❖ **말이 전진하다가 지쳐 쓰러지는 꿈**
  어떤 단체나 집단이 해산되거나 자신의 권세·권력 등이 몰락하게 될 것을 예시한다.

❖ **말을 타고 산을 오르는 꿈**
  입신양명과 함께 신분 상승을 의미한다. 이런 꿈을 꾸면 어떤 사회단체나 여러 사람의 추대를 받아 권력을 얻게 되거나 진급·승진 등을 하게 된다.

❖ **백마가 하늘을 날다가 땅 위로 내려오는 꿈**

사업이나 추진 중인 일·작품 등이 크게 성공하는 듯 하다가 내리막길을 걷게 될 것을 예시하는 꿈이다.

❖ **말이 춤추는 것을 보는 꿈**

누군가 자신을 공격하거나 구타하는 등 불쾌한 일을 체험하게 될 것이다.

❖ **말이 소리 없이 우는 꿈**

자신의 신변에 위험이 닥쳐 있음을 알려주는 예시몽일 수 있다.

❖ **말을 타고 가는데 여러 사람이 우러러보거나 절을 하는 꿈**

그만큼의 권세와 지위가 자신에게 주어진다. 어떤 집단이나 단체의 우두머리가 되어 많은 사람을 거느리거나 다스리게 되고 그로 인해 권세를 얻게 된다.

❖ **말에 짐을 싣거나 마차를 매는 꿈**

집안 식구 중 누군가가 고달픈 운세에 놓이게 되거나 이사할 일이 생기게 된다.

❖ **날개 달린 말이나 특이한 말을 타고 공중을 나는 꿈**

어떤 분야에 종사하는 사람이든 그 분야에서 성공하게 됨을 의미한다.

❖ **푸른 잔디밭에 매인 말을 본 꿈**
태몽으로 장차 태어날 아이는 복이 많으며, 평생 먹고사는 걱정 없이 여유 있는 삶을 살게 된다.

❖ **자신의 소유라고 생각되는 말들이 뿔뿔이 흩어지는 꿈**
재산이 흩어지거나 잃게 되며, 자신의 세력 기반이 약화되거나 세력을 잃게 될 것을 예시한다. 또는 사업이 실패하게 될 것이다.

❖ **말의 성기가 팽창해 있는 것을 보는 꿈**
남편이나 아내·자식 중 누군가가 자신에게 반항하거나 자신의 직원이 배반하게 된다.

❖ **말에게 물려 고통을 당하는 꿈**
주변 사람들의 도움이나 지지를 얻어 세력을 잡거나 기관이나 관직에 나아가 신분이 상승될 것이다.

❖ **말을 타고 장가를 가는 꿈**
길몽이다. 실업자라면 취직을, 직장인이라면 승진을 하게 되고 동시에 금전적으로나 신분상의 상승이 있게 된다. 또 정치인이라면 선거에서 이기게 되고, 사업가라면 새로운 사업을 시작하여 여유 있는 생활을 하는 좋은 꿈이다.

기린 · 사슴 · 노루 · 낙타

❖ **사슴의 뿔을 얻는 꿈**
  큰 재물을 얻게 되거나 사업 등에서 성공의 방도를 얻게 된다. 혹은 훈장이나 상장 등을 받게 될 것을 예시하기도 한다.

❖ **사슴이나 노루가 자기 집으로 들어오는 꿈**
  귀한 여인을 만나거나 관직에 나아가 높은 자리에 오르게 된다.

❖ **사슴이나 노루의 고기를 먹는 꿈**
  사업이나 추진 중인 일을 크게 확장시키게 되거나 학문적인 연구에 성과를 얻게 될 것을 예시한다.

❖ **깊은 산속에서 사슴들이 뛰노는 것을 보는 꿈**
  태몽으로 태어날 아이는 장차 국정에 참여하여 부귀해지거나 사회적으로 큰 업적을 남기게 된다.

❖ **산속에서 갑자기 나타난 사슴을 잡는 꿈**
  국가에서 치르는 각종 시험이나 취직 시험 등에서 우수한 성적으로 합격하게 된다.

❖ **살아 있는 사슴을 죽이는 꿈**
  관청이나 직장에서 승진하거나 소원이 이루어진다.

❖ 산속에서 많은 사람들과 사슴을 쫓다가 자기가 사슴을 잡는 꿈

단체 경기에서 우승하거나 국가고시에서 우수한 성적으로 합격할 것을 예시한다.

❖ 사슴이 집안으로 들어오는 꿈

미혼자인 경우에는 훌륭한 상대를 만나 결혼하게 되거나 고급관리가 되어 지위와 명예 등이 상승된다.

❖ 사슴 뿔을 얻게 되는 꿈

뜻밖의 재물이나 훌륭한 논문 · 학설 등을 얻게 되고 훈장이나 학위 · 우등상을 받게 된다.

❖ 산에서 노루를 붙잡는 꿈

학생이라면 수석 합격을 하게 되고 일반인은 어떤 유리한 권리 또는 명예 등을 얻게 된다.

❖ 낙타를 타고 끝없는 사막을 가는 꿈

사업이나 추진하는 일이 난관에 부딪혀 어려운 상황에 놓이게 되며, 희망이 보이지 않게 될 징조이다.

❖ 기린이 초원에서 나뭇잎을 뜯어먹는 것을 보는 꿈

사업이나 기타 여러 일에서 지금까지의 어려웠던 상황이 풀리면서 지위가 상승되거나 금전적으로 안정된 생활을 하게 된다.

❖ 기린이 도망치는 것을 보는 꿈

그동안 계획해 왔던 어떤 일이나 사업 등이 수포로 돌아가게 된다. 또는 명예를 잃게 되거나 재물 등을 상실하게 된다.

❖ 자신이 기린을 잡아서 목을 잘라 죽이는 꿈

어려운 시험에 합격하거나 공공기관 등에서 수석의 영광을 얻게 될 좋은 꿈이다.

고양이

❖ 자신이 고양이를 안고 노는 꿈

남성이라면 여성으로 인해 난처한 입장에 놓이게 되고, 일반인은 매우 벅차고 골치 아픈 일이 생기게 된다.

❖ 고양이가 쥐를 잡는 장면을 보는 꿈

경찰관이나 형사가 이런 꿈을 꾸면 도둑이나 살인자 등 범법자를 잡게 되거나 자신이 처리하지 못한 일을 누군가가 대신 처리해 준다. 또 하는 일이 잘 되어 재물이 들어오게 된다.

❖ **고양이가 닭장 옆에 웅크리고 앉아 있는 것을 보는 꿈**
자신의 재물을 축내려는 사람이 생기게 되거나 고용인을 감시하고 보호해야 함을 암시한다.

❖ **검은 고양이가 울면서 자신을 쫓아오는 꿈**
두렵고 답답한 어떤 일에 직면하게 되거나 불길한 소문에 휩싸이게 된다.

❖ **자신이 고양이를 안아주거나 어루만지는 꿈**
여성이나 어린아이를 품에 안을 일이 생기거나 앞으로 자신에게 벅차고 고달픈 일이 생기게 될 것을 예시한다.

❖ **고양이를 잡아 잔인하게 죽이는 꿈**
그동안 자신의 일에 방해가 되어왔던 귀찮은 사람이나 일 등을 제거하게 되어 자신의 뜻대로 일을 이룰 수 있게 된다.

❖ **고양이에게 물리는 꿈**
임산부가 이런 꿈을 꾸면 태어날 아이는 장차 고급관리가 된다. 일반인이라면 관련 기관의 도움으로 사업·직장 등의 문제가 해결된다.

❖ **고양이가 높은 곳에 오르는 것을 보는 꿈**
직장에서 승진을 하여 고위간부가 된다.

쥐 · 다람쥐 · 박쥐

❖ **쥐떼가 가득 쌓아둔 곡식을 먹어치우는 꿈**
여러 사람들이 자신의 일을 도와주어 어떤 일을 수월하게 해치울 수 있게 되며 재물을 쌓게 된다.

❖ **쥐에게 물리는 꿈**
승진을 하게 되거나 명예 등을 얻게 되는 등 뜻밖의 기쁜 일이 생길 것을 예시한다.

❖ **쥐가 음식 먹는 것을 보는 꿈**
다른 사람이 자신의 벅찬 일을 대신해 주거나 자기 일에 대해 간섭하게 될 것이다.

❖ **쥐가 자신의 발가락을 물고 놓지 않는 꿈**
사업이나 추진 중인 일에 뜻밖의 협력자가 생겨 순조롭게 진행되며 돈과 명예를 함께 획득하게 된다.

❖ **구멍 속에서 머리를 내밀고 내다보는 쥐를 보는 꿈**
자신의 아이디어나 추진하고 있는 일이 사회적으로 선풍적인 반응을 얻게 될 것을 예시한다.

❖ **방 안에 있는 쥐를 잡으려고 하는 꿈**
직장에서 부정한 것이나 횡령 등의 일을 계획하는 사람을 밝혀낼 일이 있을 것이다.

❖ 달리고 있는 쥐를 돌로 쳐서 잡는 꿈
　꾀가 많은 사람을 설득하여 자신이 계획한 어떤 일을 성사시키게 된다.

❖ 고양이가 쥐를 잡는 것을 보는 꿈
　경찰이 도둑을 잡아주거나 방해가 되는 것들을 주변 사람이 대신 처리해 주게 될 것이다. 또한 집안에 재물이 쌓이게 된다.

❖ 다람쥐가 나무에 오르는 것을 보는 꿈
　직장에서 승진하거나 예술가라면 좋은 작품을 내게 된다. 이런 꿈은 대체로 인생의 운이 상승하게 됨을 나타낸다.

❖ 다람쥐가 계속해서 쳇바퀴를 돌리는 것을 보는 꿈
　현실에서 자신의 생활이 따분하다는 것을 나타내는 꿈이다. 혹은 어떤 고달픈 일에 종사하게 될 것을 예시하기도 한다.

❖ 박쥐가 자신에게 덤벼드는 꿈
　골목길 같은 외진 곳에서 괴한에서 습격을 당하게 되거나 원인 모를 질병에 걸릴 수 있으니 조심해야 한다.

닭 · 오리

❖ **새벽에 닭이 우는 꿈**
  추진하던 일·소원·소망 등이 이루어진다.

❖ **닭이 나무 밑에 있는 것을 보는 꿈**
  실직을 당하거나 사업이 실패하게 된다.

❖ **집안에서 수탉 울음소리를 듣는 꿈**
  승진하게 되거나 지위나 신분이 상승하여 명성을 떨치게 되며, 이로 인해 많은 재물을 얻게 된다.

❖ **수탉이 자신을 쪼려고 덤벼드는 꿈**
  건달이나 악한 등에게 시달림을 받게 되거나 위장병 등의 질환을 앓게 되니 조심해야 한다.

❖ **암탉이 우는 소리를 듣는 꿈**
  자기 주변에서 기대하지 않던 사람이 성공하게 되거나 큰 부자가 되어 놀랄 일이 생길 것을 예시한다.

❖ **수탉을 솥에 삶았더니 사람이 되었다가 학이 되어 날아가 버린 꿈**
  여성이 이런 꿈을 꾸게 되면 남편이 폭력적이고 사나워 학대를 받게 된다. 그러나 끝내는 남편을 선량한 사람으로 다시 태어나게 만들 것을 예시한다.

❖ **닭이 나무 위에 오르는 것을 보는 꿈**

취직을 하게 되거나 어떤 단체나 집단의 우두머리가 될 것이다. 또한 신분이 높아지고 재물을 쌓게 된다.

❖ **수탉 두 마리가 싸우는 것을 보는 꿈**

누군가와 크게 다툴 일이 생기니 마음고생을 하게 된다.

❖ **병아리가 물에 빠져 죽는 꿈**

태몽이라면 태어날 아이가 얼마 살지 못하고 죽을 것을 예시한다. 또한 일반 꿈이라면 현실에서 어린 아이가 물에 빠지거나 사업이나 추진 중인 일이 실패하게 됨을 예시한다.

❖ **산속에서 달걀을 발견하여 갖는 꿈**

자신의 능력이나 아이디어가 자신과 관련한 기관에서 채택되어 좋은 평가를 받게 된다.

❖ **자신이 기르는 닭의 주둥이를 자르는 꿈**

자신이 추진 중이던 사업상의 계약 또는 상담이 성사된다.

❖ **물오리가 자기 집으로 날아드는 꿈**

집안에 흉사가 생길 것을 예시하는 것이므로 주의해야 한다.

토끼 · 뱀 · 구렁이

❖ **여러 마리의 토끼가 뿔뿔이 달아나는 꿈**
부하직원 · 고용인 등에게 배신을 당하게 된다.

❖ **토끼가 새끼 낳는 것을 보는 꿈**
예술가인 경우 많은 작품을 발표하게 된다. 또는 생각지 못한 많은 재물이 생기기도 한다.

❖ **산속에서 산토끼가 나타났다 바위틈으로 숨어버리는 것을 보는 꿈**
사업상 횡재할 수 있는 기회를 놓치게 되거나 목적이 뚜렷하지 않은 일에 손을 대 낭패를 볼 일이 있을 것이다.

❖ **누런 뱀을 보는 꿈**
관재수가 있거나 송사에 휘말리게 된다. 혹은 구설수에 휘말리게 된다.

❖ **자기 집 방문 위에 큰 황구렁이가 좌우로 몸을 펴서 걸쳐 있고 그 주위에 수천 마리의 작은 뱀들이 우글거리는 꿈**
기업 · 단체 · 조직 등의 우두머리가 되어 많은 부하들을 거느리게 될 것이다.

❖ 큰 구렁이가 용마루로 올라가는 것을 보는 꿈

   단체나 기관·관청 등의 우두머리가 되거나 외국 유학을 가게 됨을 예시한다.

❖ 많은 황색 구렁이가 늘어서 있는 꿈

   태몽으로 장차 위대한 정치가나 사업가·권세가가 될 아이가 태어난다.

❖ 구렁이가 허물을 벗고 사라지는 것을 보는 꿈

   구렁이가 상징하는 어떤 인물이 자신 앞에서 과거의 죄를 사죄하고 새로운 사람이 되는 것을 보게 된다.

❖ 큰 뱀이 자신을 쫓아오다 사람으로 변하는 꿈

   어떤 사람을 피하려고 하지만 결국 만나게 되거나 자신에게 버거운 일을 피하려고 하지만 결국은 피하지 못할 것을 나타낸다.

❖ 뱀에게 물려 독을 짜내는 꿈

   횡재수가 있어 복권 당첨 등의 일로 실현되는 경우도 있다. 혹은 사회사업을 크게 성공시키거나 재물을 얻게 된다.

❖ 뱀이 칼을 삼키는 꿈

   자신의 아이디어나 작품 등이 채택되거나 뽑혀 명예와 권리 등을 획득하게 된다.

❖ **뱀의 몸체는 보이지 않고 꼬리만 보이는 꿈**

경쟁자와 크게 대립되는 관계에 놓이거나 자신의 뜻과는 다른 적대행위를 하는 단체의 지도자와 정면으로 싸우게 되는 상황에 놓이게 된다.

❖ **자신이 큰 구렁이를 죽여 피가 나는 것을 보는 꿈**

자신의 일에 대한 방해자나 자신의 뜻과는 다른 사람·단체 등을 제거하여 일을 성취시키고 큰돈을 벌게 된다.

❖ **큰 구렁이가 자신의 다리를 감싸는 꿈**

태몽으로 해석되거나 미혼인 경우 배우자감을 만나게 되고, 어떤 권리나 이권 등이 주어져 자신의 일에 도움을 주게 된다.

❖ **뱀을 날것으로 썰어 먹는 꿈**

자신에게 벅찬 어떤 일을 처리하거나 다른 사람의 학설을 자신의 것으로 소화시킬 일이 생긴다.

❖ **호랑이가 자기 몸에 감긴 구렁이를 떨쳐버리거나 잘라버리는 꿈**

자신에게 벅찬 큰 세력을 꺾거나 자신에게 도움을 주는 사람과 더불어 추진하고 있던 사업을 성취시켜 성공하게 된다.

❖ **새빨간 뱀이 치마 속으로 들어오는 꿈**
   태몽이다. 장차 태어날 아이는 용감하고 정열적인 사내아이가 될 것이다.

❖ **부모가 큰 구렁이를 치마로 싸서 죽이는 꿈**
   자식이 교통사고를 당하여 급사하게 된다.

❖ **도마뱀에게 물리는 꿈**
   미혼 남녀가 이런 꿈을 꾸게 되면 혼담이 성사된다. 혹은 취직·입학 등의 일이 이루어질 것을 예시한다. 태몽이라면 좋은 직장을 갖게 될 아이를 낳게 된다.

두꺼비 · 거북

❖ **두꺼비가 길을 물어서 알려주는 꿈**
   어떤 사물이나 사업 대상·어떤 사람을 선도할 일과 관계하게 되거나 선행을 베풀어 복을 받게 된다.

❖ **거북이 물이나 자신의 집으로 들어가는 꿈**
   고급관리가 되거나 그와 상응하는 지위를 얻게 되어 부귀를 누리게 된다. 그러나 물이 없는 우물에 들어가면 갈 곳 없는 신세가 된다.

❖ **거북을 타고 바닷속으로 들어가는 꿈**

다른 사람의 유혹이나 부추김에 쉽게 넘어갈 일이 있으며, 어떤 일에 헛수고만 하게 된다.

❖ **거북 두 마리가 자신의 어항에 담겨 있는 꿈**

기혼 여성이라면 태몽으로 쌍둥이 혹은 두 명의 자녀를 두게 될 것을 예시한다. 일반인이라면 큰 재물을 얻게 되거나 사업이 번성하여 행복한 삶을 영위하게 될 것이다.

❖ **큰 거북을 타는 꿈**

정당 당수나 기관장·단체의 우두머리 등이 되어 부귀를 누리고 세력이 당당하게 될 것을 예시한다.

❖ **자라가 거북으로 변하는 꿈**

계획하던 사업을 시작하여 큰돈을 벌거나 막대한 재산이 생기게 된다.

❖ **자신이 거북의 목을 잘라 피가 흐르는 것을 보는 꿈**

큰 기관으로부터 돈을 융통받아 도움을 얻게 되고 사업으로 성공하여 많은 재물을 얻게 된다.

❖ **거북의 목을 잡는 꿈**

단체의 우두머리가 되거나 주도권을 장악하게 될 것이다. 또한 그와 동시에 부와 명예가 따르게 된다.

물개 · 악어 · 물고기

❖ **물개가 밖으로 나왔다 다시 큰물로 들어가는 꿈**
사업이나 일·직장 등에서 현재는 고생이 막심하지만 말년에는 크게 성공하여 유복한 생활을 하게 될 것을 예시한다.

❖ **물개를 잡는 꿈**
예상하지 못했던 큰돈이 생긴다. 물개가 자기 가까이 오면 바라던 취직이 되거나 미지의 여인과 연인 사이로 발전할 일을 상징하기도 한다.

❖ **악어 떼를 만나 하나하나 죽이는 꿈**
자신을 괴롭히던 어려운 일이 조금씩 해소되고 큰일을 성사하게 되거나 많은 재물을 얻게 된다.

❖ **손으로 물고기를 잡는 꿈**
자신이 노력한 만큼 결실을 얻게 된다. 만약 장사나 사업하는 사람이 이런 꿈을 꾸게 되면 길몽이라고 할 수 있다.

❖ **논바닥에 물고기가 노는 것을 보는 꿈**
어떤 일에 있어 크지는 않지만 작은 이익이나 명예·이권 등이 이어져 들어온다.

❖ **팔뚝만한 큰 물고기들이 봇물 위에 떠오르는 것을 보는 꿈**

사업체나 어떤 일이 결국에는 크게 성공하여 많은 재물을 쌓게 되거나 막대한 권리나 이권·명예 등을 획득하게 될 것이다. 이런 꿈을 꾸고 복권에 당첨된 사례도 있다.

❖ **가파른 언덕에 올라 아래를 보니 강물에 수많은 물고기가 있어 그 중 제일 큰 물고기를 잡는 꿈**

사업이나 추진하는 일·작품 활동·승진 등이 수많은 난관에 부딪히지만 결국에는 모두 이겨내고 승리하게 됨을 예시한다.

❖ **강에서 낚시하여 커다란 붕어 한 마리를 낚는 꿈**

노력 끝에 어떤 방도를 얻어 기관이나 회사 내부의 권리 또는 직책을 얻게 된다. 그리하여 정신적·물질적인 재산이나 작품·이권·권세를 획득하게 된다.

❖ **호숫가에서 큰 잉어를 가슴에 안는 꿈**

꿈속에서 잉어 등의 물고기를 잡는 꿈은 좋은 일로 실현되고 있다. 사업 또는 추진하고 있는 일이 크게 번성하여 큰 결과물을 얻을 수 있게 됨을 예시한다. 또한 횡재수나 재물이 들어오게 된다.

❖ 물이 가득한 방 안에서 물고기가 노는 것을 보는 꿈
사상이나 문학 등에서 성공하여 재물을 쌓게 된다.
❖ 강에서 상처투성이 힘없는 물고기를 잡는 꿈
사업이나 추진하는 일에 많은 노력과 시간을 기울이지만 그 성과는 미미하거나 오히려 역효과를 초래할 수 있다.
❖ 강에서 커다란 붕어 한 마리를 손으로 붙잡아 집으로 오는 꿈
사회적인 재물이나 이권·권리·명예 등을 한몫 크게 얻을 것을 예시한 꿈이다. 태몽이라면 큰 인물을 낳을 것을 예시한다.
❖ 어항 속의 금붕어를 바라보는 꿈
예술가라면 훌륭한 작품을 만들어 크게 성공하고, 사업가라면 많은 여직원을 거느리는 기업인이 될 것을 예시한다.
❖ 길을 가다가 맑은 물에서 큰 붕어가 노는 것을 보고 잡아 양동이에 담아오는 꿈
사상이나 학문·문화 등과 관련된 사업에서 큰 성과를 얻게 될 것이다. 붕어가 크면 클수록 큰 사업 성과를 얻게 된다.

❖ **오색찬란한 물고기를 치마에 받는 꿈**
　태몽으로 장차 태어날 아이는 소설가나 인기인이 되어 사회적으로 유명인이 되고 높은 지위를 얻게 된다.

❖ **잉어를 붙잡아 그릇에 담아 물과 함께 넣는 꿈**
　소설가가 되어 인기 있는 작품을 쓰게 된다.

❖ **큰 잉어가 폭포 위로 뛰어오르는 것을 보는 꿈**
　사업이 크게 번창하거나 또 다른 사업으로 크게 성공하여 세상을 떠들썩하게 만든다.

❖ **수많은 복어 떼를 만나 낚시로 잡는 꿈**
　복권에 당첨되어 뜻하지 않던 많은 돈을 얻게 되거나 횡재수가 생겨 재물을 쌓게 된다.

❖ **물고기를 낳은 꿈**
　태몽으로 장차 태어날 아이는 운이 매우 좋아 재물을 모으게 되고 부귀영화를 누리게 된다.

❖ **바닷물 속에 빠져 상어에게 다리를 잘리는 꿈**
　자손이나 가장 가깝게 지내던 부하직원 등을 잃게 되거나 이와 반대로 권리나 명예를 얻게 되기도 한다.

❖ **바다에서 고래가 뱃길을 인도해 주는 꿈**
　위대한 협조자를 만나 자신의 사업을 도와주게 되고 사업이 잘 추진되어 많은 돈을 모으게 된다.

❖ **바다에서 많은 고래가 뒤따라오는 꿈**

  힘을 가진 단체·인물 등에 의해 억제당할 일이 있겠다. 만약 고래 떼가 배를 뒤엎으면 사업이 위태롭거나 파산하게 된다.

❖ **바닷속에 빠져 고래의 뱃속으로 들어가는 꿈**

  직장인은 승진하게 되거나 큰집을 소유하게 된다.

조개·게 등의 갑각류

❖ **산에서 해온 나뭇단 속에서 많은 조개가 나오는 꿈**

  굴뚝 산업이나 창의력을 필요로 하는 일로 많은 재물을 쌓게 될 것을 예시한다.

❖ **바닷가에서 게를 잡는 꿈**

  사업체를 운영하게 되거나 직장에서 어떤 일의 관리 또는 학문을 탐구하는 것과 관계하게 된다.

❖ **바다나 강에서 조개를 잡는 꿈**

  여자아이를 낳을 태몽으로, 조개를 많이 잡을수록 장차 많은 재물을 얻게 되거나 사업체를 일으켜 성공하게 된다. 또는 성공한 작가가 될 것이다.

❖ 공중에서 내려오는 조개를 자꾸 받아 삼키는 꿈
　명예를 얻어 재물을 쌓게 된다. 또한 이로 인해 이름을 세상에 알리게 된다.

❖ 강이나 바다에서 잡은 조개에서 진주가 나오는 꿈
　연구나 학문하는 사람의 경우 진리를 얻게 되거나 뜻하지 않던 보물을 얻게 된다. 또한 횡재수가 있어 복권에 당첨될 수도 있으니 한 번 기대해 볼 일이다.

새

❖ 자신이 새둥지를 만드는 꿈
　누군가로부터 자신의 의지나 자유를 억압당할 일이 생기게 된다.

❖ 학이 하늘 높이 나는 것을 보는 꿈
　학문·작품·관직 등에서 크게 출세하여 높은 지위에 오르거나 큰 명예를 쌓게 된다.

❖ 까마귀가 우는 것을 듣는 꿈
　까마귀는 흔히 흉조로 알려져 있으나 꿈속에서 까마귀가 우는 것은 사람들에게 칭찬받을 일이 생긴다.

❖ 한 나무에 황새 떼가 무수히 앉아 있는 꿈
관공서나 기업체의 고급직원들을 감독하게 되거나, 많은 직원들을 거느리는 사업을 하게 된다.

❖ 학이 품안에 들거나 어깨에 앉는 꿈
지조 있는 여성이나 학자·성직자 등을 낳을 태몽이거나 학문적인 연구에 몰두할 일과 관계한다.

❖ 동자가 학을 타고 내려온 꿈
사업체나 어떤 학문 분야·기관 등에서 우두머리가 될 것을 예시한다.

❖ 꾀꼬리를 붙잡는 꿈
남성이 이런 꿈을 꾸게 되면 아름다운 여성을 만나게 된다. 혹은 권위나 명예 등을 얻게 된다.

❖ 수천 마리의 갈매기가 자기를 둘러싼 꿈
태몽이라면 태아가 장차 입신양명했을 때 부귀영화를 흠모하거나 탐내는 사람이 수없이 많음을 뜻한다. 일반인이 이런 꿈을 꾸면 희로애락을 같이 해줄 사람을 만나게 된다.

❖ 물새가 배 위를 나는 것을 보는 꿈
사업이나 추진 중인 일이 번창하게 되고, 자신에게 도움을 줄 협조자나 귀인을 만나게 된다.

❖ 산속에서 뻐꾸기나 두견새를 보는 꿈

먼 곳에서 기다리던 손님이 찾아와 반가워할 일이 생긴다. 만약 그 새들의 울음소리를 들었다면 평소의 소원이나 추진하던 일 등이 잘 이루어지게 된다.

❖ 산속에서 뻐꾸기나 두견새의 알을 얻는 꿈

뜻밖의 귀한 물건을 얻게 되거나, 어떤 물건 또는 사물에 대한 권리·이권 등이 생기게 된다. 또한 재물이 들어와 생활이 윤택해진다.

❖ 수많은 참새가 무리지어 나는 것을 보는 꿈

부하직원이나 고용인들이 자신의 뜻대로 잘 움직여 일이 원활해지며, 예술가라면 많은 작품을 발표하고 명성을 얻게 된다.

❖ 날아다니던 새떼 중 제일 큰 새가 자기 집으로 날아드는 꿈

태몽으로 태어날 아이는 장차 운동선수가 되어 이름을 떨치게 되거나 어떤 집단·단체 등의 우두머리가 될 것이다.

❖ 산에서 꿩을 잡는 포수의 총소리를 듣는 꿈

중매인이나 중개인 등으로부터 일이 성사되었다는 소식을 듣게 된다.

곡식

❈ **쌀독에 쌀이 가득 차 있는 것을 보는 꿈**

생활형편이나 사업이 번창해진다. 만약 쌀이 없는 꿈이었다면 사업자금이나 연구 자료 등이 부족하여 고전하게 된다.

❈ **볍씨를 뿌리거나 못자리를 만드는 꿈**

추진 중인 일 또는 사업에 상당한 자금이 생긴다.

❈ **창고 안에 곡식이 가득 차 있는 것을 보는 꿈**

추진 중인 일이나 사업이 번창하고 혼담·계약 등이 성취된다. 또한 재수가 크게 좋아 부자가 될 것이다.

❈ **쌀 등의 곡식을 짊어지고 집으로 들어오는 꿈**

하는 일마다 이익을 발생시켜 재물을 쌓게 된다. 그러나 반대로 집에 있는 곡식을 짊어지고 밖으로 나가는 꿈이었다면 재물을 잃을 것이다.

❈ **곡식의 쭉정이를 불어내는 꿈**

자신이 싫어하거나 자신의 일에 방해가 되는 사람 등을 제거하게 됨을 의미한다. 또는 사업이나 추진 중인 일을 다시 살펴 기반을 다지라는 의미일 수도 있다.

❖ **곡식을 만져보는 꿈**

사업이나 추진 중인 일 등에 행운이 따라 잘 풀리게 된다.

❖ **곡식더미가 쌓여 있는 것을 보는 꿈**

곡식더미의 크기가 크면 클수록 그 불어나는 재산도 역시 많아질 것이다.

❖ **곡식을 말이나 되로 재어보는 꿈**

누군가와 서로 타협할 일이 생기게 되며, 이로 인해 일이 잘 풀리게 될 것을 예시한다.

❖ **논에서 짚단을 날라다 대문 앞에 잔뜩 쌓아놓는 꿈**

논은 사업장을 의미하고 볏단은 사업 성과를 의미한다. 따라서 짚단을 쌓아놓은 만큼의 성과를 올릴 수 있다. 만약 대문 앞이 아닌 집 안에 쌓아둔 꿈이었다면 개인적으로 많은 재물을 쌓게 되고, 큰 성과를 얻게 된다.

❖ **벼가 누렇게 익은 황금벌판을 걷는 꿈**

부귀해지며 큰돈을 벌게 된다.

❖ **눈처럼 하늘에서 쌀이 내려 쌓이는 꿈**

큰돈을 벌거나 횡재수가 있음을 예시한다.

채소 · 과일

❖ **자신이 과일나무에 올라가 과일을 따는 꿈**
  취직을 하거나 횡재수 등이 있을 좋은 꿈이다. 또한 학생인 경우 입학시험 등에 합격하고 어떤 경우에는 복권 당첨으로 실현되거나 태몽으로 귀한 자식을 얻게 되는 경우도 있다.

❖ **배추나 무꽃이 만발한 것을 보는 꿈**
  기쁜 소식을 듣거나 명예를 얻게 될 것이다.

❖ **채소의 새싹이 돋아나는 것을 보는 꿈**
  지금까지 잘 풀리지 않던 일이나 침체되었던 일이 점차 호전하게 되며, 새로운 사업이나 새로운 일을 시작하게 될 것이다.

❖ **배추를 소금에 절이는 꿈**
  가족 중 누군가가 질병에 걸릴 것을 예시하는 불길한 꿈이다.

❖ **넓은 가지밭에 가지가 주렁주렁 열려 있는 것을 보는 꿈**
  사업이나 추진하는 일이 큰 성과를 얻게 될 것을 예시한다. 예술가라면 작품 등으로 성공하게 된다.

❖ **빨갛게 익은 감을 따먹는 꿈**

사업·추진 중인 일 등이 잘 되어 재물이 늘어나거나 미혼이라면 연인과의 관계에 결실이 있을 것이다.

❖ **누군가로부터 곶감을 받는 꿈**

받은 곶감 수만큼 돈이 생기거나 상받을 일이 생긴다.

❖ **수레에 과일을 싣고 집으로 들어오는 꿈**

막대한 사업자금이나 재물이 생기게 된다.

❖ **잘 익은 복숭아를 따서 먹는 꿈**

미혼인 경우에는 연인과의 사랑에 결실이 맺어지며, 학생인 경우에는 좋은 성적을 거두게 된다. 예술가는 인기를 얻을 작품을 완성하게 되며, 귀한 자식을 얻을 태몽일 수도 있다.

❖ **상대방의 과일을 빼앗거나 훔치는 꿈**

어떤 값진 권리나 재물 등을 소유하게 된다. 또한 경쟁이 치열한 회사에 취업이 되며, 상대방의 사정으로 승진 등의 기회를 맞게 된다.

❖ **다른 사람의 과일 하나를 훔친 꿈**

중매쟁이를 통해서 며느릿감을 얻게 될 것을 예시한 것이다. 혹은 과일이 태아의 표상으로 태몽일 수도 있다.

❖ **딸기를 샀는데 거스름돈을 주머니가 넘치도록 받는 꿈**
사업이나 추진하는 일·직장·이권·권리 등에 있어 풍요로움을 예시하고 있다. 또한 횡재수를 의미하기도 한다.

❖ **개울에 떠내려오는 시든 배추를 건지는 꿈**
병에 걸리거나 누군가의 부고를 받게 된다. 혹은 불길한 소식을 듣게 된다.

❖ **연시를 따먹는 꿈**
관청이나 회사에서 주어지는 일이 수월하거나 많은 이득을 얻게 된다.

❖ **뽕나무 열매를 따서 가지는 꿈**
임신을 하거나 성교·계약 등이 이루어진다.

❖ **배나무에 배가 주렁주렁 달린 것을 보는 꿈**
일이나 사업 등에서 큰 성과를 얻게 되며, 그 배를 따오는 꿈이었다면 그만큼의 재물이 생긴다.

❖ **붉게 익은 복숭아를 얻는 꿈**
짝사랑이 결실을 얻거나 학과 성적이 우수해진다.

❖ **누렇게 익은 밤송이를 보는 꿈**
혼담이 성사되거나 어떤 일의 결실을 보게 될 것을 예시한다.

❖ **그릇에 고추를 담아놓은 것을 보는 꿈**
  시비에 휘말리거나 창피당할 일이 생길 것이니 조심해야 한다.
❖ **고추밭에서 붉은 고추를 바구니에 가득 따 담아가지고 집으로 오는 꿈**
  태몽으로 태어날 아이는 장차 사업이나 문화·예술 등에서 큰 수확을 거두게 되며, 그 후에도 하는 일마다 성공하여 많은 재물을 쌓게 될 것이다.

나무 · 꽃

❖ **어딘지 모르는 굉장히 큰 꽃밭을 거닐면서 많은 꽃들을 꺾어 치마에 가득 담는 꿈**
  문화적 사업이나 일반적인 사업에서 큰 성과를 얻게 될 것을 예시하는데, 치마폭에 담은 꽃 종류만큼의 부문에서 큰 성과를 거둘 수 있게 된다.
❖ **소나무가 울창한 것을 보는 꿈**
  사업의 기반이나 직장이 튼튼하여 앞으로 크게 성공하게 될 것이다.

❖ **소나무에 꽃이 핀 것을 보는 꿈**

길몽이다. 장차 부귀영화를 누리게 될 것이다.

❖ **마당 한가운데 소나무가 자라 있는 꿈**

집안이 화목하고 집안 식구가 모두 장수할 꿈이다.

❖ **대나무의 죽순이 자라 큰 나무로 변하는 것을 보는 꿈**

집안에 큰 인물이 나거나 사업·추진 중인 일 등이 처음에는 미약했지만 크게 발전하게 될 것을 예시한다.

❖ **붉은 매화를 꺾는 꿈**

협력자·협력기관·귀인 등을 만나 일에 도움을 받거나 기쁜 일이 생길 것을 예시한다.

❖ **눈 쌓인 한겨울에 꽃이 활짝 핀 것을 보는 꿈**

자신이 개척한 사업이나 일이 성공함으로써 이름을 떨친다.

❖ **나무를 베어 운반하는 꿈**

인재나 재물 등을 얻게 된다. 나무를 많이 운반할수록 더 많은 인재를 얻게 되거나 재물을 얻는다.

❖ **마당에 나무를 옮겨 심는 꿈**

사업체를 옮겨 경영하거나 사무실·가게 등 영업소를 옮길 일이 생긴다. 또한 훌륭한 사람을 고용하게 되어 사업·일·장사 등이 융성해진다.

❖ **나뭇가지 위를 이리저리 뛰어다니는 꿈**
여러 산하기관에서 자신의 능력을 마음껏 발휘할 수 있게 된다.

❖ **나뭇가지에 매달려 강을 건너거나 뛰어오르는 꿈**
출세하거나 난관을 극복할 수 있게 된다.

❖ **나무뿌리나 풀뿌리를 잡고 기어오르는 꿈**
자신에게 도움 줄 사람을 찾아 그에게 의지하여 난관을 모면하게 된다.

❖ **낙엽을 밟고 걷는 꿈**
재물을 얻게 될 것이다.

❖ **누군가 낙엽을 긁어모으는 꿈**
노력 끝에 정신적·물질적인 자본을 쌓게 된다.

❖ **자기 집으로 낙엽을 짊어지고 오는 꿈**
자신의 일이나 사업에 자금을 댈 사람이 나타난다.

❖ **큰 나무 밑에 서거나 앉는 꿈**
큰 기관이나 회사 또는 위대한 협조자의 도움과 지도를 받아 신분이 고귀해진다.

❖ **무덤 위에 나무가 서 있는 것을 보는 꿈**
어느 기관의 협조를 받아 업적을 남기거나 신분이 고귀해지는 일과 상관하게 된다.

❖ **묘목을 심자 크게 자라는 꿈**

사업을 시작하게 되고, 짧은 시간에 사업 성과를 얻게 된다.

❖ **방바닥에 뿌리를 둔 거목이 천장을 뚫고 밖으로 뻗어나간 것을 보는 꿈**

큰 기업이나 일에서 소망을 이루어 사회적으로 널리 알려지게 됨을 예시한다.

❖ **소나무에 올라가는 꿈**

취직이나 입학이 순조롭게 이루어진다. 또한 소송 중인 사람은 승소한다.

❖ **단풍나무를 옮겨 심는 꿈**

재물이 생긴다. 만약 단풍나무를 지붕 위에 심는 꿈이었다면 소원이 성취됨을 예시한다.

❖ **대나무에 꽃이 피는 꿈**

부귀영화를 가져올 꿈이다. 만약 그 대나무를 베어 오는 꿈이었다면 많은 재물이 생기거나 건설적인 사업을 시작하게 된다.